大数据时代高校英语混合式教学研究

陈红梅　肖　丹　米淑一◎著

图书在版编目（CIP）数据

大数据时代高校英语混合式教学研究 / 陈红梅，肖丹，米淑一著. -- 北京 : 中国商务出版社，2023.1
ISBN 978-7-5103-4634-7

Ⅰ. ①大… Ⅱ. ①陈… ②肖… ③米… Ⅲ. ①英语－教学研究－高等学校 Ⅳ. ①H319.3

中国国家版本馆 CIP 数据核字(2023)第 019151 号

大数据时代高校英语混合式教学研究

DASHUJU SHIDAI GAOXIAO YINGYU HUNHESHI JIAOXUE YANJIU

陈红梅　肖丹　米淑一　著

出　　版：中国商务出版社
地　　址：北京市东城区安外东后巷28号　　邮　编：100710
责任部门：外语事业部（010-64283818）
责任编辑：李自满
直销客服：010-64283818
总 发 行：中国商务出版社发行部　（010-64208388　64515150）
网购零售：中国商务出版社淘宝店　（010-64286917）
网　　址：http://www.cctpress.com
网　　店：https://shop162373850.taobao.com
邮　　箱：347675974@qq.com
印　　刷：北京四海锦诚印刷技术有限公司
开　　本：787毫米×1092毫米　1/16
印　　张：12　　字　数：248千字
版　　次：2024年1月第1版　　印　次：2024年1月第1次印刷
书　　号：ISBN 978-7-5103-4634-7
定　　价：68.00元

前言

混合式学习模式是通过长期的课上课下学习经验总结与对现代网络学习方式运用的综合思考，形成的一种新的学习模式。该模式整合以往的学习理论，如绩效支持理论、认知主义学习理论、建构主义学习理论等，对其效用进行了创新式提升，从而促进了学习环境优化、资源结构调整以及学习方法创新。此外，混合式学习模式通过建构主义学习理论与网络学习理论的综合，成功改变了新时代下的学习环境，构建起更为高效、自主的学习环境。在此模式下，学生能够重新认识自己在大学英语学习中的角色与地位，转变自己原先的学习理念，树立自主学习观念，养成自主学习习惯，主动接触、学习、研究、探索不同的英语知识与同一英语知识的不同应用方式，从而极大地提升学习效率；教师则能够对自己在教学中的角色进行重新定位，真正成为学生学习的引导者和促进者，从而不断促进自身专业能力的发展。

就目前来看，混合式学习已成为国内大学英语教学的主流模式，国内学者对英语混合式学习的研究也越来越重视，在理论研究方面取得了一定的成果。然而，在当前大数据时代背景下，英语混合式学习的理论研究明显与实践应用的发展并不协调，这导致英语混合式学习模式存在一定的片面性。如果学习者缺乏良好的自我把控能力，再加上缺乏适时的引导和语言方面的交流沟通，就很容易导致教学效果不尽如人意。因此，在高校英语教学与混合式学习模式结合的过程中，必须明确一点：混合式学习不是一个制度性的任务，它是基于某种特殊需求而开展的教学活动，所以，只有充分发挥教师引导、启发、监控学习过程的主导作用，充分体现学习者的主动性、积极性、创造性，才能获得最佳的学习效果。

本书首先对大数据背景下的大学英语教学的概念与发展进行概述，分析了高校英语混合式教学模式，提出高校英语混合式教学的实施与优化措施。本书内容翔实、语言严谨、逻辑清晰，在写作过程中，吸收借鉴了前人的优秀研究成果，形成了自己的观点，也就一些有争议的问题请教了相关的专家，以期本书能够为高校英语教学研究事业贡献自己的力量。但是，由于学术水平有限，本书可能还存在很多不足之处，还望广大读者不吝批评指教。

前言

目 录

第一章 大数据时代下的高校英语教学

第一节　信息技术与英语教学的融合

一、英语教学理念

（一）素质教育

1. 强调教育的基本功能是促进人的发展。它确立以人的发展来促进社会发展的观念，改变以往片面强调教育促进社会发展的价值取向，自觉地重视学习者的全面发展、全体发展和个性发展。素质教育把教育视为社会的主体，教育的发展功能被视为终极目的，被本体化。

2. 以提高国民素质为根本宗旨，强调培育适应时代发展和个人发展的素质，尤其以培养创新精神和实践能力为重点。围绕人的发展，倡导全面的、多样化的人才观，提倡积极的、平等的学生观，强调自主、探究和协作的学习观，提倡个性化的、因材施教的教学观和以评价促发展的评价观。

3. 以学生为本。尊重每个学生独立的人格价值和独特的品质，使每个学生得到尽可能完善的发展，获得相应的价值成长，回归学生的学习主动权，把学习变成一种人的自主性、能动性、独立性不断生成和发展的过程，从而使学习不再是一种外在控制力量，而是一种内在的精神解放运动，培养终身学习和独立学习的愿望和能力。

4. 追求卓越。所谓卓越是指人的潜能得到最充分的开发，自我价值得到最大限度的实现。素质教育是追求卓越的教育，在强调全面发展和全体发展的同时，更加重视个性发展和潜能开发。素质教育强调唤醒和培育学生追求卓越的意识与能力。

5. 创新教育是核心。注重学生的创新精神和实践能力的培养，培育创新人才，是素质教育的主要目的。创新人才必须具备创新意识、创新人格和创新能力三个基本条件。

（二）终身教育

随着科技的发展和人类的进步，科技信息正在进行爆炸式的增长。在这种情况下，如果我们仍然沿用传统的教学方式和学习方法，势必被时代所抛弃。终身学习就是为了应对这种挑战而提出的，只有不断地学习，才能更新旧知识接纳新知识，才能与时代同行。

（三）教育的四大支柱

学会认知，就是要学会认知的手段和方法，学会发现问题，学会解决问题，学会自己建构知识，也就是要具有终身学习的能力。

学会做事，主要指在一定的环境当中去实践、去探索的能力，包括如何面对困难，如何分析、设计和论证解决问题的方案，如何组织协调和实施方案等方面的综合能力，让学生通过亲身实践获得知识，培养能力。

学会合作，就是要学会与他人友好相处，学会与周围的人合作生活、合作学习、合作工作，培养学生为了实现共同目标，能顾全大局与他人团结合作的精神。

学会生存，就是要学会掌握自己的命运、适应环境的变化，能抓住机遇拓展自己的发展和生存空间，以求学生自身生存和发展的综合能力的全面提高。

二、英语教学传播

（一）英语教学的传播过程

1. 教育传播要素

(1) 教育者

教育者是教育传播系统中具备教育教学活动能力的要素，是系统中教育信息的组织者、传播者和控制者，如学校中的教师、社团中的指导者、学生家长等。学校中直接面对学生进行教育教学活动的教师是最重要的教育者。教师必须能实现教育传播系统的整体目标，使学生在德育、智育、体育、美育、劳动诸方面都得到和谐的发展。

(2) 教育信息

信息是教育传播系统的要素之一，是指以物理形式出现的教育信息。教育传播过程是一个信息交流的过程，自始至终充满了教育信息的获取、传递、交换、加工、存储和输出。

信息是抽象的，当它被某种符号表达出来才是具体的。表达教育信息的符号可分为语言符号和非语言符号两大类。语言符号包括自然语言和人工语言，具有抽象性、有限性等特征。非语言符号包括动作性符号、音响符号、图像符号、目视符号等，具有形象性、普遍性、重要性、多维性、整体性等特征。在教育传播过程中，语言符号擅长于描述事实与知识，而非语言符号则只长于表达态度和感情。

（3）受教育者

受教育者是施教的对象，一般来说就是接收教育信息的学生。在教育传播过程中，作为受者的学生，他首先要接收传播信号，如阅读教科书和参考书，认真听取教师的课堂讲授，视听大众传播媒体，参加教学实践与社会活动等。

在信息传播过程中，学生的行为可概括为目标性行为、主动性行为和选择性行为。目标性行为是学生区别于一般大众传播中的受者的重要特征，学生接受教育信息要按照培养目标的规定，学生的传播行为是有组织、有计划地进行的。学生的选择性行为包括选择性接受、选择性理解和选择性记忆。

（4）媒体和通道

教育传播通道是教育信息传递的途径，教育信息只有经过一定的通道，才能完成传递任务，达到教育传播的目的。按传递的信号形式来分，通道包括图像通道、声音通道和文字通道。所谓教育传播通道，就是教育信息传递的途径。它的组成要素有各种教育媒体、教学环境、人的感觉器官、处理和传播信息的方式。

（5）传播环境

良好的教育传播环境能对教师的教学组织活动产生促进作用：①扩大教师采集和选择教育信息的范围；②为教师提供必要的物质条件；③使教师有可能采取更为灵活有效的方式进行教育传播活动；④为教师提供更多的与学生接触、与社会交往的机会。

2. 教育传播过程

（1）确定教育传播信息

教育传播过程的第一步是确定传送的教育信息。传送什么信息，要依据教育目的和课程的教学培养目标来确定。

（2）选择教育传播媒体

选择教育传播媒体呈现要传送的信息，实质就是编码的过程。一般来说，一是选择的媒体能准确地呈现信息内容；二是选用的媒体符合学习者的经验与知识水平，容易被接受和理解；三是选用的媒体要容易取得，且付出的代价较少，但能取得较好的传播效果。

（3）通道传送

在这个阶段，教育传播通道通过教育媒体传送出信号，也称为施教阶段。在这里首先要解决两个问题：一是信号要传递多远，多大范围；二是信息内容的先后传送顺序问题。在任何课堂教学传播中，每一节课从开始至结束，教师何时口语传播，何时利用幻灯媒体，何时利用电视媒体，要遵循课程的教学结构。

（4）接收与解释

在这一阶段，受教育者接收信号并将它解释为信息意义，也就是信息译码阶段。受教育者首先通过视、听、触等感觉器官接收传来的信号，信号对感官的刺激通过神经系统传至中枢神经，通过分析将它转换为相应的符号。然后，受教育者依据自身的知识与经验，将符号解释为信息意义，并将它储存在大脑中。

（5）评价与反馈

受教育者接收信号解释信息之后，增加了知识，提高了能力，但能否达到预定的教学目标，就要进行评价。评价的方式方法很多，可以观察学生的行为变化，也可以通过课堂提问、课堂作业，以及阶段性的考试等。

（二）教育传播的方式与原理

1. 教育传播的基本方式

（1）自学传播

自学传播是指没有专职教师当面传授的一种教育传播方式。自学者自定学习目标，从四周可能的环境中寻找合适的教师替身。平常较多的是选择自学的教材，即根据学习要求选购相应的书籍、录音带、录像带和CAI课件等学习材料，自定步调学习。

（2）个别传播

教育传播最早的时候即采取这种方式，是传播者与受传者单独面授知识和经验的一种教育传播方式。尽管这种教育传播方式相当古老，但因为它的效果显著而沿用至今。个别传播与人际传播相比，有许多相似之处，如传播者与受传者都是不同的个体，并能即时得到反馈等。

（3）课堂传播

课堂传播是当前学校普遍采用的教育传播方式，学生的学习主要依据课本和教师的语言讲解，亦即主要通过语言和文字符号进行。这种传播方式有利于发挥教师的主导作用，教师能科学地组织教学过程，充分考虑情感因素在学习过程中的重要作用，学生能快速、有效地掌握知识技能，有利于培养学生的合作精神和竞争意识。

（4）远程传播

远程传播是非面对面的传播活动，例如函授、电视教学、网络教学等。这种教育传播方式随着广播、电视、录像、卫星广播、计算机和网络等现代通信传播和控制手段的推广而逐步得到普及，但还需要适当的辅导与之相配合。

2. 教育传播的基本原理

（1）共同经验原理

教育传播是一种信息传递与交换的活动，教师与学生的沟通必须建立在双方共同经验范围内。一方面，对学生缺乏直接经验的事物，要利用直观的教育媒体帮助学生获得间接的经验；另一方面，教育媒体的选择与设计必须充分考虑学生的经验。

（2）抽象层次原理

抽象层次高的符号，能简明地表达更多的具体意义。但抽象层次越高，理解便越难，引起误会的机会也越大。

（3）重复作用原理

重复作用是将一个概念在不同的场合或用不同的方式重复呈现。它有两层含义：一是将一个概念在不同的场合重复呈现；二是将一个概念用不同的方式重复呈现。

（4）信息来源原理

有权威、有信誉的人说的话，容易为对方所接受。资料来源直接影响传播的效果。因此，作为教育信息主要来源之一的教师，应树立为学生所认可的形象与权威，所用的教材与教学软件，其内容来源应该正确、真实、可靠。

三、英语视听教育

（一）人的视觉心理

1. 心理趋合

心理趋合是指利用人们的想象力去填充实际在画面中并没有见到的空间。由于电视屏幕的画面是有限的，恰当地利用人们日常生活的经验，使被摄物在画面中取舍得当，会产生画面向外扩展的效果，就可以让画面中未被展现的被摄体的其他部分，出现在观众的想象之中。

2. 画面均衡

画面均衡是人们对画面表现主题的一种形式感觉，是产生画面稳定感的因素。各种造型因素表现在画面上可能产生不同的效果，经过构图方面的处理，使画面达到视觉上和心理上稳定的感觉。

3. 视觉重心

人们习惯于从左边向右边观察画面，把注意力停留和集中在右边的物体上，这就是视觉中的右撇现象。因此，在考虑构图时要注意右撇现象对均衡的影响。

（二）人耳的声音定位机理

1. 双耳效应

人耳主要是靠双耳效应来进行声音定位的，如果声源不在双耳连线的中点垂直面上，则声源到双耳的距离就不相等，从声源发出来的声音到达两耳的时间就不一样，相位也不一样，声音的声压级因头部的遮蔽作用而有差异，这就是双耳效应。

2. 耳廓效应

人耳的轮廓结构比较复杂。当声源的声波传送到人耳时，不同频率的声波会由于耳廓形状的特点而产生不同的反射。反射声进入耳道与直达声之间就产生了时间差，我们把这种效应称为耳廓效应。

（三）“经验之塔”理论

“塔”中最底层的经验，是最直接最具体的经验，越往上升，则越趋于抽象。但并不意味着获得任何经验都必须经过从底层到顶层的阶段，或下一层的经验比上一层的经验更有用；划分阶层，只是说明各种经验的具体与抽象的程度。教育应从具体经验入手，逐步过渡到抽象。有效的学习方法，应该是首先给学生丰富的具体经验。学生只记忆一些普遍法则和概念，没有具体经验做支撑是不行的。教育不能只满足于获得一些具体经验，而必须向抽象化发展，使具体经验普遍化，最后形成概念。

第二节　信息时代英语教学实践探索

一、重视培养学生语言应用能力

（一）高校英语教学中的问题探讨

1. 师资短缺

近年来大学生人数激增，师资短缺的问题日益突出。显然，沿用传统的教学模式和教学方法已很难完成如此繁重的教学任务。要达到《大学英语课程教学要求》所规定的教学目标，就必须改革传统的教学模式，通过改革来缓解师资短缺的矛盾，减轻教师繁重的工作，使他们有更多的精力从事教学研究，提高课堂教学质量。

2. 教学缺乏规范性，管理机制尚未健全

目前大学英语教改尚处于试点阶段，还没有建立起完全适用于新形势下网络教学的大学英语教学大纲，一些课程的教学目标、教学内容、教学进度、考核评估方式等教学指导管理性文件还有许多不完备之处，还缺乏科学性和规范性。

3. 教师在大班教学中过于依赖多媒体课件

在大班教学中，教师采用了与课本配套的多媒体教学课件进行教学。在新学期之初，学生被这一全新的教学方式和多媒体课件中精彩的画面和视频文件所吸引，课堂教学气氛比较活跃。但随着时间的推移，大班英语教学逐步暴露出一些不足之处，教师过于依赖多媒体课件，在教学中很少加入自己的观点和看法，甚至对于课件中一些过时的或不太合适的例句不做任何改动，久而久之，学生逐渐对这种方式产生厌倦感。

4. 多媒体网络教学的优势没能在教学中得到充分发挥

虽然每周都为学生安排了网络自主学习时间，并且安排教师跟班指导，但学生网络学习的效果并不尽如人意。很多学生不能根据他们的实际学习需求进行学习，教师也不能完全适应这种新的教学方式。

5. 有限的多媒体教学资源限制了教学的良性发展

目前所拥有的网络教学资源十分有限，主要是高等教育出版社提供的大学体验英语教学平台和英语教学与研究出版社提供的新视野大学英语网络教学平台，这两个教学平台都是依托于校园网而建立的。住在校外的教师要实现对学生网络学习的管理和监督，添加辅助教学内容或通过网络平台进行教学，就必须利用课余时间到学校来完成上述工作，这无形中增加了教师的工作负担，也给学生网络自主学习造成了一定的困难。

6. 软硬件管理不到位

由于尚未建立起专门为英语教学服务的自主学习中心，教学改革尝试都是借助于学校 CAI 实训中心进行，没有配备专门为英语教学服务的网络技术人员，因此在使用中出现问题时，往往得不到及时解决。新的教学软件应涵盖教学、学习、反馈、管理的完整过程，包括学生学习和自评、教师授课、教师在线辅导、对学生学习和教师辅导的监控管理等模块，能随时记录、了解、检测学生的学习情况以及教师的教学与辅导情况，体现交互性和多媒体性，而且应易于操作。

（二）深化个性化教学与自主学习模式

1. 采用新的教学模式

在采用大班教学之后，每位教师可以担任 6 个教学班的教学任务，但每一周的总课时数却减少为 15 个学时；同时，由于采取教师集体备课、相互交流等方式，减少了教师的重复工作，这也在一定程度上缓解了师资严重短缺的问题。

2. 制订符合实际的教学改革方案

在教学改革的组织和管理上，成立了大学英语教学改革试点工作领导小组，统一协调、配置教学资源。按照《大学英语课程教学要求》，确立新的教学评价模式，把学生的测评分为形成性评估和终结性评估两类。

3. 加大教师培训力度

（1）组织教师认真学习、深刻理解《大学英语课程教学要求》的各项内容，听取教学改革项目负责人介绍教改情况，并就在前期教改中遇到的问题以及所积累的一些经验与同行们进行交流。

（2）购置相关书籍，订阅了教育教学杂志供广大教师学习使用；组织教师进行教学研讨，组织公开教学，以此来增进教师间相互交流，提高业务素质。

4. 培养自主学习的能力

（1）教学改革推广宣传情况：首先培训教师，使教师充分了解相关网络教学理念，利用多媒体课件进行宣传，介绍网络教学的目的、内容、具体学习方法以及《大学英语课程教学要求》的主要内容。

（2）加大对教师和学生网络学习平台的监管力度。由课题组指派一名管理员定期检查并在课题组内通报教师网络平台管理情况，协助任课教师上传教学内容，监督学生学习，管理相关教学文件。由于技术条件所限，目前这些教学资源形式上十分简单，有的甚至还只是简单的文本文档，但在丰富教学内容方面确实起到了一定的作用，受到了学生的欢迎。

5. 拓宽网络学习渠道

由于现有的网络平台是基于校园网基础上的网络平台，离开校园网网络环境，教师和学生都不能登录大学英语网络平台进行自主学习和沟通。针对这一问题，在制订这一阶段教改计划时，课题组提出建立公共邮箱、拓展学习空间，这样即使在校外，只要能上网就能实现教师和教师、教师与学生的实时交流。

二、英语网络教学体系的构建

（一）大学大学英语教学现状

经过多年的教学改革尝试，各校已经积累了很多成功经验，确立了大学英语网络辅助教学模式，将课堂教学与网络自主学习有机结合在一起，极大地推动了大学英语教学改革的良性发展。然而，大部分大学英语教学改革方案在具体的教学过程中，主要采用“学生总评成绩=平时成绩+期中成绩+网络自主学习成绩+期末考试卷面成绩”的方法来确定学生的最终学业成绩。但对于平时成绩和网络自主学习成绩的确定却没有一个统一的标准，教师都是按照自己教学的实际情况来确定各项成绩的最终分数的，这对学生成绩评定的公平性有一定影响。

（二）网络教学评价体系的设计

1. 构建评价体系的准备阶段

准备阶段是实施评价的预备阶段，它的工作质量将直接影响评价结果的质量。因此应重视收集和学习网络教学评价的相关理论。在此阶段，课题组系统性地研究了网络学习的特征、网络学习评价的基本理论、基于网络的建构主义学习环境的相关理论、教学评价指标体系相关理论和网络教学评价体系的特点和原则等相关理论。在研究中，课题组将主要采用问卷调查法、访谈和跟踪调查等方法以及其他量化统计方法。

2. 课题研究阶段

（1）对教师的评价

①对教师教学过程的评价

对教师教学过程的评价是一个主客观评价相结合的过程。其中一些要素是可量化的，可以通过一些数据显示出来，这一部分评价很容易实现。但另一些要素则必须经历一个非量化评价的过程，究竟哪些要素可以成为评价指标在很大程度上决定着评价的有效性。

②对教师教学内容的评价

按照《大学英语课程教学要求》中对网络多媒体教学的界定，网络多媒体教学将对大学英语教学起到辅助作用，是课堂教学的补充。

③教师运用多媒体网络技术能力的相关评价

网络教学对教师教学能力和教学技术使用能力提出了很高的要求。在教学中，发现问题、分析问题和解决问题的过程能够帮助教师不断提高研究能力，促进研究水平的提升。

（2）对学生的评价

①对学习者自身的评价

所谓对学习者自身的评价也就是对学习者个性化因素的评价，具体包括：学习水平、学习背景、学习动机以及以往的学习经历等方面。相关研究表明，网络学习者的学习方式、方法、积极性、参与度和网上学习时间等诸多方面均明显受到个性因素的影响。

②对学习方法的评价

学习方法是到达学习目的的途径和手段，是影响学生学习效果的重要因素。学习方法评价的主要内容是了解和识别学生采用的学习方法和策略，并在此基础上评价学习方法的优劣，对好的策略、方法给予鼓励并进行推广。可以促使学生不断调整学习方法，提升学习效果，保证教学质量。

③对学习成绩的评价

学习成绩评价可以帮助学生更好地做出自我评价，激发学生参与在线学习的热情。网络学习的过程是一个动态的过程，它能更真实地反映出学习者学习的真实过程。通过对网络学习过程的评价，评价者可以很清晰地了解到学习者的学习态度、学习自主性以及他们掌握知识的程度。

④对学生能力的评价

大学英语的教学目标是培养学生英语综合应用能力，特别是听说能力，使他们在今后的工作和社会交往中能用英语有效地进行口头和书面的信息交流，以适应我国经济发展和国际交流的需要。而常规的考试根本无法将知识和能力的测试内容区分开测试，只能将测试大体分为：学业水平测试和能力测试两种。这种情况下，很难准确测试出学生的真实能力，大学英语教学目标中提出的培养能力就形同虚设了。

（3）对网络学习平台的评价

①内容评价

主要是对网络平台上学习资源的评价。评价学习资源可以从网络平台上提供的学习资源的数量、质量、资源的更新程度、学习资源的权威性以及是否涉及版权问题等方面来进行评价。

②技术评价

对网络学习平台模块设计的合理性和功能性的评价。模块设计的合理性应从模块设置、模块便捷性、可操作性、网络平台版面设计、色彩搭配等是否具有新颖性和个性化等方面来判断。

③效用评价

主要是对交互性和使用效果的评价。网站是否提供了交互的手段以及手段是否丰富，用户是否充分利用了这些手段实现交互。

三、英语教学过程中的合作与自主学习

（一）大学英语教学和网络自主学习的现状

1. 大学英语教学现状

（1）学生众多，教师压力大。如何加强师生的交流与配合，如何让学生对课堂教学产生兴趣是所有承担大班教学任务的教师要面对的难题。

（2）学生来源复杂，学习基础参差不齐，学习动机各不相同，教学难度和教学进度难以统一，对学生个体关注不够，难以因材施教。

（3）英语教师工作量普遍巨大，他们当中很多人教学手段单一，教学效率低下，课堂气氛沉闷，在一定程度上挫伤了教师教学的积极性。

（4）由于时间和空间的限制，英语教学界所倡导的英语交际教学法在大班中难以得到有效运用，高效率的、生动活泼的课堂教学活动难以组织和开展。

（5）虽然多媒体教学手段在大班英语教学中得到了普遍应用，但在多媒体教学课件的

设计与使用的诸多环节上，教师缺少理论指导和专门训练，使得先进的多媒体技术无法充分发挥作用。

2. 网络自主学习现状

网络环境下的自主学习是指在教师的指导下，学生自行利用计算机网络提供的学习支持服务系统，主动地调控自己的元认知、动机，确定学习目标，选择学习内容，通过可选择的交互方式探究学习过程，实现有意义的知识建构的学习方式。按照“课程要求”，很多大学都建立了网络自主学习中心，努力培养学生的网络自主学习能力。但是，目前网络自主学习普遍学习效果不尽如人意，存在学习效率低下、自主学习意识缺乏、学生缺乏学习兴趣、网络学习资源不完善、媒体和网络的技术能力有限等问题。

（二）课题研究具体实施方案

1. 研究内容

（1）学习查阅大量参考文献，学习相关理论，包括合作学习理论、自主学习理论和建构主义学习观等。在掌握理论的基础上，进一步明确研究内容和研究路径。

（2）确立多层次合作学习的模式和教学中所要采用的相应方法。首先，在教师与学生合作的过程中，采用一对多、一对一和多对一相结合的方式，使师生合作的方法灵活多样，提高合作的效率；其次，在学生与学生合作的过程中，采用大班大组合作、网络课小组合作的方式，改善大班课和网络自主学习课的弊端，提升学生的团队合作意识；最后，在教师与教师合作的过程中，采用科研合作与教学合作并重的方法，通过集体备课、充实教材、观摩教学、公开课点评，以及在教研组内组织学习和探讨有关合作学习的理论和方法、传阅交流学术期刊、留意英语教学和研究领域的发展动向、探讨学术论文写作、参加学术会议和研讨班等具体的师师合作行为，实现真正意义上的多层次合作学习。

（3）确定评价和反馈方式。制定网络自主学习课和教师教学评价机制，使该评价机制真正起到促进学生自主学习能力和教师教学水平不断提高的作用。

（4）评测教师在合作学习过程中的行为效果。通过发放问卷、访谈等方式，评测教师在多层次合作学习中的行为效果。

2. 研究对象

研究对象分为教师组和学生组。教师组为大学大学英语教学研究小组教师 5 人；学生组大学二年级非英语专业的 200 名学生，经过摸底考试，按照成绩和性别比例均衡的标准将学生分为两组，分别为实验组和控制组。两组学生由同一老师授课，使用同样的教材，授课时数相等，区别是实验组按照异质分组开始合作学习，而控制组不做要求。

3. 研究方法

主要研究方法包括资料收集法、问卷调查法、访谈、实验法、行为观察法。

（三）研究结果

1. 合作学习在大班课和网络课的实践

（1）课堂小组表现评价指标的制定

①学生的大班课堂表现评价指标：准确度，小组合作，学习态度，积极参与度，对课文的理解程度。

②学生的网络课程表现评价指标：学习效果，小组合作，学习态度，积极参与度，自我管理程度。

（2）课堂教学效果

①所有的同学上课都能积极参与小组讨论。

②为了得到“是否积极参与”项的分数，大部分组内同学都能非常积极地回答问题。

③回答问题的准确率大幅度提高。

④网络课程上，小组成员通过网络平台的“小组讨论”模块进行在线讨论，增强了网络自主学习过程中的学生互动，改变了以前单一的人机交互的局面。

2. 实验结果分析

（1）大班课实验结果分析

①测试结果分析

经过一学期的实验，课题组在学期末对实验组和控制组用同一套试卷做测试，并对测试结果进行独立样本检验，以确定合作学习与传统教学是否存在显著差异。结果表明：合作学习在提高学习成绩方面是有效的。从单项成绩来看，实验组的听力和翻译能力明显好于控制组。显然，在合作学习的情境下，实验组学生获得了更多的语言输入和输出机会。这表明系统而深入的集体预习、意义探讨和学生授课使学生对学习过的文本材料更为熟悉。授课时教师主要是对学生有疑问的内容进行讲解，对词汇和语法的讲解与控制组相比不够详细，这一结果反映出学生认知能力和自主学习能力仍有待提高。

②问卷结果分析

实验期结束后，课题组对实验组受试学生就大班课和网络课的合作学习状况进行了问卷调查。调查结果显示，在合作学习模式下，绝大多数学生对英语的兴趣有所提高；学生对小组合作的效果基本持肯定态度；学生认为自己在口语方面提高得最为明显，其次为阅读能力；在元认知策略方面，学生普遍反映自己的自主学习能力有所提高。其中最大的问题是：有的学生认为评价方式的公平性有待提高，即有的组员参与活动不积极，却可以得到相同的小组分。

（2）网络自主学习课实验结果分析

在实施合作学习的过程中，对于大班合作学习实验成果的检验可以通过测试的形式进行，但在评估学生的网络自主学习能力是否提高的问题上，似乎不能仅仅依靠一两次简单的测试来实现。常规的考试根本无法将知识和能力的测试内容区分开。因此，对学生网络学习成绩的评定应该包括学生所制订的学习计划、完成的作业或呈现出合作学习的成果、参与网上学习的情况、考试成绩、作业、答疑、讨论等所有真实反映和检验学生在学习过程中所付出努力的行为效果。

第三节　网络环境与高校英语教学

一、网络环境下的大学英语教学模式

（一）大学英语网络教学模式的定义

在分析英语网络教学模式的定义之前，首先对教学模式以及网络教学模式的定义进行分析。根据对教学模式和网络教学模式的定义分析，可以将英语网络教学模式定义为“在一定教学思想和教学理论指导下、依托计算机网络技术、为达成一定的英语教学目标而构建起来的、较为稳定的教学活动结构框架和教学方式”。

（二）大学英语网络教学模式的构成要素

1. 教学理论

英语网络教学中最主要的理论依据是建构主义理论，建构主义注重以信念、原有经验、心理结构为基础来建构知识。建构主义理论指导下的英语网络教学强调教师是指导和帮助学生学习的引导者和帮助者，不再是知识的灌输者；学生是自身认知结构的构建者，不再是被动的接受者。这些构成了英语网络教学模式赖以形成的思想基础。

2. 教学目标

教学目标是指在英语网络教学中，教学活动所要开展的方向以及预期要达到的效果。教学目标决定了网络教学模式的构建以及发展方向。

3. 技术环境

技术环境主要包括局域网、互联网、校园网、广域网以及计算机设备等，为英语网络教学提供一定的物质条件。网络教学模式的技术环境主要受到设备自身的性能以及信息传输条件等的制约。

4. 教学策略

教学策略是指在英语网络教学中所开展的过程与方法的总和。教学策略的选择和使用涉及了教学模式的稳定运作。教学策略的不同，也会对教学模式的操作产生一定的影响。

5. 人机角色关系

人机角色关系中的“人”是指教与学的对象，即教育者和学习者。“机”是指计算机网络设备。英语网络教学中的人机角色关系主要包括两个方面：一是指教师与学生之间的关系；二是指教师、学生与计算机网络设备之间的关系。在英语网络教学模式中，不同的师生关系与计算机网络设备终端形成的相互作用关系相互交融，共同构建了特定的英语网络教学模式。

（三）大学英语网络教学模式的特征

网络教学模式在涵盖教学模式普遍特征的基础上，增加了网络信息技术应用的特征。正是由于计算机网络信息技术在教学模式上的应用使得传统教学模式发生了许多本质上的变化。

个性化可以从教师和学生两个角度出发，从教师方面来看，网络技术的应用为教师进行个性化的创造性教学提供了技术上的支持；从学生方面来看，网络为学生提供了大量的学习资源，学生可以按照自身的兴趣或具体的学习状况有目的地、自主地安排学习。自主学习化是指学生以计算机网络技术为媒介，自主安排学习计划、制定学习目标、选择学习内容、评估学习成果的学习活动。超文本化，属于计算机用语，在计算机领域是指一种软件系统，用户可以借助该系统实现文件或文本之间的快速移动。英语网络教学中的超文本化是指多媒体、超媒体、网络学习。

（四）大学英语网络教学的主要模式

1. 网络自主学习模式

网络自主学习模式注重个性化教学和自主学习。学生是整个教学的中心，教师只是起到辅助教学的作用。网络自主学习模式主要分为网络自主接受模式和网络自主探究模式。

2. 网络自主接受模式

网络自主接受模式的构成要素是：学生+学习资源+学习指导者，其中学习资源是指通过网络传输的，以计算机作为媒介呈现的视频、音频、图像、文本等语言资料，将其称之为网络课件，这里的学习指导者并不仅指教师，而是教师+智能导师（计算机）。

3. 网络自主探究模式

在网络自主探究模式中，教师会给学生布置语言任务，如阅读某一文学作品后写感想，或翻译某段指定文本，或观看某一英语原版影片后写影评等。在学生完成任务的过程中，教师还会及时地通过邮件、论坛等网络交流工具与学生进行交流，对学生提出的问题予以解答。

4. 网络任务合作模式

在任务合作模式中，教师的作用比较重要，首先教师要按照学生的语言以及综合能力水平等对学生进行分组，并提供必要的资源索引，在学生完成任务过程中，教师要及时对其出现的问题予以指正，协调小组合作时可能出现的成员矛盾，从整体上把控学生完成任务的进度，并在任务完成后开展组织评估工作。

二、网络环境下大学英语教学模式的优势

（一）有利于提供大量的学习资源

网络可以给学生提供大量的学习资源，并且这些资源的更新速度很快，因此具有时效性，其实用价值也相对较高。对于大学英语教学而言，英语教学十分注重学生所学语言的地道、真实、实用。与传统教学相比，网络教学具有非常明显的优势。由于传统的教科书的文化知识内容受版面的限制，常常很难满足学生对文化知识积累的需求，而快速、涉及

范围广泛的网络可以不断地给学生提供全方面的文化知识，从而有效地提高学生自身的文化素养。

（二）有利于培养学生的听说能力

网络教学具有开放性和灵活性的特点，学生不需要太多的语言学习材料，只要有一台电脑，便可以随时随地地利用教学资源进行学习。传统的教学资料仅仅是文本与图片的结合，是静态的。而网络教学资料集文本、图片、音频、视频等多种媒体于一体，给学生的学习带来了完美的视听享受，丰富的语言学习材料、生动有趣的动感信息增添了学习的趣味性。英语学科主要培养学生的听说读写能力，而网络教学所提供的正是视听方面的教材。因此，相比其他学科，英语学科使用网络教学更能体现其优越性，也为学生个性的发展提供了更广阔的空间。

（三）有利于提供新的师生交流平台

网络教学能够扩宽师生的课下交流平台。学生可以通过论坛给教师或同学留言，可以通过发帖的形式提出问题或回答他人的问题。教师也可以通过平台的通知板块为学生提供学习建议，提出学习目标或是发布近期作业。

（四）有利于培养学生的自主学习能力

传统的英语教学主要是以教师为中心，采用的是灌输式的教学模式，主要以教师的讲解为主，学生只是被动地接受教师所传授的知识，学生的参与很少。长此以往，教师的语言表达技能得到了充分的训练，却逐步地削减了学生的自主性以及积极性。

网络教学中网络平台的使用合理地解决了这一问题。在网络教学中，学生可以通过操控网络学习平台，不受时间和空间的限制进行自主式的学习，自主选择课程，自主安排学习进度，并通过人机交流的方式进行语言练习。学生学习语言知识不再仅仅依靠教材和教师，而是通过网络自主学习，在构建自己的知识体系的过程中逐步地提高自身的综合语言水平。

三、网络与大学英语教学整合生态化环境

（一）生态学视角下的外语教学立体化互动模式探究

1.“互动”释义及互动教学的发展

“互动”指的是在一定的社会背景与具体环境下，人与人之间发生的各种形式、各种

性质、各种程度的相互作用和影响。它既可以是人与人之间交互作用和相互影响的方式和过程，也可以指在一定的情境中人们通过信息交换和行为交换所导致的相互之间心理上和行为上的改变，从而表现为一个包含互动主体、互动情境、互动过程和互动结果等要素的动态和静态相结合的系统。经过多年的发展，互动研究已成为了一个影响广泛的二语习得研究模式。在众多的二语习得模式中，甚至有人把它奉为当今二语习得研究的主流模式。

2. 传统外语教学互动模式的不足

（1）互动时间有限。

（2）互动空间狭窄。

（3）信息传递的途径单一。

（二）教育生态学视域下的现代信息技术与大学英语课程整合状况分析

1. 现代信息技术与外语课程教学整合的内涵及生态意义

从理论上讲，现代信息技术与外语课程教学整合是用整体的、联系的、动态的、持续的生态理念来审视外语教学系统中各种要素的关系，是对课程设置、教学目标、教学模式、教学评价等诸要素做系统的分析和整体的协调；从实践上讲，这种整合是在外语教学过程中把信息技术、信息资源、信息方法和课程内容有机结合，共同完成课程教学任务。整合需要科学的教育思想、理论框架与学习理念的指导，还需要有科学的研究方法、评价体系与调控机制予以保障。

2. 维护外语信息化教育生态系统平衡的运行机制

（1）区域生态建设机制

①文化建设要注重生态文化的生成，打破旧的传统教学观念，以生态化思考重新审视教学系统中各要素的和谐共生关系，发掘各生态要素在这个生态系统中的合适位置，调整好各生态因子的生态位。

②制度建设要加大政府职能转变的力度，制定动态发展的内在动力机制和教育保障机制，以鼓励不同区域环境内学校自主与创新的发展，支持区域性大学外语教育生态更新的探索，从而保持教学与地域环境的平衡，避免我国大学英语教学在区域生态摇摆中的不平衡发展。

（2）学校生态建设机制

①组织生态层面，要以提升群体生态机能为宗旨，组建教师职业发展与研究中心，关注青年教师职业成长需求，建立健全可持续发展的职前—职中—职后教师培训体制，切实

提高教师掌握和运用信息技术的能力。

②制度生态方面，要协调好管理者、教师和学生的共生关系，制定自下而上的教学管理机制和互动评估机制，促进外语教学系统的生态主体的共同体发展。

③文化生态方面，在课堂教学中，教师应及时更新教学理念，综合运用多种方法进行教学，把学生看作探究真理的伙伴，让学生成为学习的主人，激发他们的学习积极性和自主性。加强有效的辅导和管理，为新模式的外语教学和学习创建开放的、互动的、兼容的内外部环境，努力培养学生自身的自主学习能力。

(3) 课堂生态建设机制

①课堂生态系统的活力机制。构建彰显个性的课堂生态系统，不但需要消解教师的文化权威，而且需要尊重学生的个体差异，关注学生的个性化需求，教师和学生共同设计和开展形式各样的教学活动，真正实践“以学生为中心”的教学理念。

②课堂生态系统的结构机制。建立多维互动的课堂生态，重点是要调整好师生之间、生生之间互相联系和互相作用的方式。要重视情感因素在教学过程中的重要作用，努力营造轻松和谐的学习氛围，消除学生的焦虑紧张感和师生之间的距离感，最终实现一个互相依存、平等共生的生态型学习共同体。

③课堂生态系统的恢复机制。创设适度开放的课堂生态，注重课堂内外的立体联系，创造实学实用的外语学习认知环境和多元空间的社交网络。外语教师和学生要敢于走出传统的平面课堂，进入由互联网、移动通信网搭建的数字化、网络化、智能化的立体课堂，来体验真实的语言世界，收获自我调控能力和终身学习的能力；要将学生的学习置于开放的生态系统中，强化课内的学习与实际运用的关联，注重课堂教学与外界社会的互动。

（三）大数据时代的语言生态逻辑

1. 语言生态观

生态学是一门研究有机体之间关系以及有机体与其周围环境之间关系的学科。语言生态观是指以生态学的视角和方法来看待和研究语言系统、语系及语族成员之间的关系以及语言与其所处环境之间的关系。语言生态研究涉及语言学和生态学两大领域，具有跨域性交叉研究的属性。

2. 大数据时代语言生态研究的机遇与挑战

(1) 树立羊狼共舞的生态观

“语言生态学”目前还未形成一门独立的学科，没有专门的学科术语，也没有专门的研究机构和教育机构。国际语言学界目前通用的相近名称是“语言的生态学”和生物语言学，主要是借鉴生态学或生物学的原理来研究语言和语言问题。在大数据时代，本着“羊狼共舞”的生态观，完全可以利用高新技术手段对语言生态进行实时的调查和全设式的研究，动态考察地区乃至全球的语言生态，全面了解人类语言的结构变异和功能变化，进而为政府制定语言政策、为教育机构实施语言教育提供科学依据。

（2）大数据时代语言生态研究面临的挑战

大数据时代语言生态研究的另一挑战是数据技术人才的培养。大数据时代的技术人才需要大数据意识、大数据技术和大数据方法。培养大数据技术人才，除了树立大数据理念之外，还要重视数据采集能力、数据分辨能力、数据精算能力、数据整合能力、数据转换能力以及快速实时行动力的培养。

大数据时代语言生态研究在很大程度上依赖语言数据采集与处理的技术性，从而忽视语言的生物性和社会性。自然语言是人类的专利，应该给予人类语言应有的生命观和社会观，即关注人类语言的基因和模因，尤其是后者。

第四节　现代教育技术与多媒体英语教学

一、现代教育技术辅助英语教学理论

（一）学习理论

1. 行为主义学习理论

（1）学习是刺激与反应（S-R）的联结过程，是反应概率的变化。

（2）反应有两种，即应答性反应（由刺激引发的反应）和操作性反应（有机体发出的反应）。前者是有机体被动地对环境做出反应，后者是有机体主动地作用于环境。

（3）学习应是小步子、自定步调、积极反应、及时强化的。强化是学习成功的关键。

（4）行为主义学习理论的特点是强调知识、技能的掌握，重视外显行为的研究。程序教学和教学机器是行为主义学习理论的产物。

2. 认知主义学习理论

（1）皮亚杰的认知结构学说

瑞士心理学家皮亚杰（Jean Piaget）提出了著名的“认知结构学说”。为了说明这种内部的心理结构是如何变化的，皮亚杰首先引出了图式的概念。所谓图式，在皮亚杰看来就是人们为了应付某一特定情境而产生的认知结构。为了应付周围的世界，个体逐渐地丰富和完善着自己的认知结构，形成了一系列的图式。顺应就是同化性的结构受到所同化的元素的影响而发生的变化，即当有机体不能利用原有图式接受和解释新的刺激情境时，有机体就会对自身图式做出相应的改变，以适应新的情境。

（2）布鲁纳的认知发现学说

杰罗姆·布鲁纳（Jerome Seymour Bruner）认为学习是一个主动形成和发展认知结构的过程。布鲁纳把认知结构称为“表征”，并认为表征有三种：动作性表征、映像性表征和符号性表征，这三种表征在儿童智慧发展中不断演变，经历了三个阶段。第一阶段，婴幼儿时期（1~2 岁），主要是依靠动作去对付世界；第二阶段（3~7 岁），这时期儿童开始在头脑中利用视觉和听觉的表象或映像代表外界事物并尝试借助映像解决问题；第三阶段，大约从六七岁开始，这时个体能运用语言、数字等符号代表经验，同时应用这些符号来学习和获得经验。学习者通过这些表征，在内部建立对其知识的结构框架，这就是认知结构。新的学习就是将新的信息与原有的认知结构相联系，对其进行调整、补充，并在这个结构的指引下，完成对具体知识内容的认知。布鲁纳提倡发现学习，意在使学生尽量在轻松自由的气氛中，自行发现事物与情境之间的关系。所谓发现学习，是以培养探究性思维方法为目标，利用基本教材使学生通过一定的发现步骤进行学习的一种方式。

（3）奥苏贝尔的意义学习理论

奥苏贝尔（David Pawl Ausubel）的意义学习理论旨在直接解决学校知识教学问题，其理论内涵同时涉及学习、教学、课程三方面的问题。因此，一般认为奥苏贝尔的学习理论是最接近教育心理学的学习理论。内部条件指学习者须有意义学习的心向，即学习者积极主动地把符号所代表的新知识与学习者认知结构中原有的适当的知识加以联系的倾向性；外部条件是学习材料本身必须具有的逻辑意义。

3. 人本主义学习理论

人本主义学习理论在 20 世纪 60 年代开始盛行，其主要观点如下：

（1）学习是丰满人性的形成，其根本目的是人的自我实现。

（2）人生来就有学习动力，对世界充满好奇心。教师的基本任务是允许学习者按照自己的需要学习，满足他们的好奇心。

（3）有效的学习在于使学习具有个人意义。一个人只会有意义地学习他认为与增强自我有关的事情。信息对学习者是否具有个人意义，是信息保持的决定因素。

（4）学习者是学习的主体，应受到尊重。只有当学习者受到尊重时，他们才能更好地朝向自我实现的目标。

（二）教学理论

1. 赞可夫的发展教学理论

赞可夫（Занков Леонид Владимирович）是苏联心理学家、教育学家、教育科学院院士。赞可夫的发展教学理论的基本观点是：一是以最好的教学效果促进学习者的一般发展，应把一般发展作为教学目标；二是只有当教学走在发展前面的时候，才是好的教学，应把教学目标确定在学习者的“最近发展区”之内。

2. 布鲁纳的结构

布鲁纳是美国心理学家，哈佛大学教授。布鲁纳的结构—发现教学理论的基本观点：一是学习一门学科最重要的是掌握它的基本结构；二是任何学科都能用在智力上是正确的方式，有效地教给任何发展阶段的任何儿童；三是要学得好，必须采取发现法。布鲁纳的结构—发现教学理论的基本原则是：动机原则，结构原则，启发原则，反馈原则。

3. 巴班斯基的教学最优化理论

巴班斯基的教学最优化理论的基本原则是：方向性，科学性和实践性，系统性和连贯性，可接受性，激发动机，自觉性，积极性，独立性，各种方法最优结合，各种教学形式最优结合，为教学创造最佳条件，巩固性和效用性。

4. 加德纳的多元智能理论

人类思维和认识的方式是多元的，即存在多元智能：言语语言智能、数理逻辑智能、视觉空间智能、音乐韵律智能、身体运动智能、人际沟通智能、自我认识智能和自然观察智能。智力是在某种社会文化的价值标准下，个体用以解决自己遇到的真正难题或产生及创造出某种产品所需要的能力。每一种智能在人类认识世界和改造世界的过程中都发挥着巨大的作用，具有同等的重要性。每个学习者都或多或少的同时具有上述八种智能，只是其组合的方式和发挥的程度不同。每个学习者都有一种或数种优势智能，只要教育得法，每个学习者都能成为某方面的人才，都可能获得某方面的专长。

（三）视听与传播理论

1. 传播理论

（1）传播的概念和类型

①人际传播

人际传播是个人与个人之间的信息交流活动，包括面对面的直接传播和以媒体为中介的间接传播。直接传播主要是以语言表达信息，或用表情、肢体语言来强化、补充、修正语言的不足。间接传播是以媒体为中介，如运用电话、电报、电视、书信等进行信息交流。人际传播的目的包括以下两点：第一，沟通。通过交流，不仅使自己了解别人，也能使别人了解自己，达到相互了解、建立和谐关系的目的。第二，调节。在传播过程中，通过了解别人对自己的各种反应，不断调节自己的行为和生活态度，使之符合社会需要。

②组织传播

组织传播是组织与组织之间、组织内部成员之间的信息交流活动。组织是一群相互关联的个体的组成，每一个人都属于一定的组织。

③大众传播

大众传播是传播者用专门编制的内容，通过媒体，对广大受众进行信息交流的活动。在大众传播中，传播者不是某个人，而是有组织的传播机构，如报社、广播电台、电视台等。传播的内容是经专门人员，根据预定的计划编写、设计、制作的，内容涉及的范围很广泛，运用的媒体有报纸、书刊、广播、电视等，受众是广大人群，包括各种职业、各个阶层、不同文化程度的个体。

④教育传播

教育传播是由教育者按照一定的要求，选定合适的信息内容，通过有效的媒体通道把知识、技能、思想、观念等传递给特定教育对象的一种活动，是教育者和受教育者之间的信息交流活动。与其他传播活动相比，教育传播具有以下特点：一是明确的目的性。教育传播是以培养人才为目的的活动。二是内容的严格规定性。教育传播的内容是按照教学计划和教学大纲的要求严格制定的。三是受教育者的特定性。四是媒体和传播通道的多样性。

⑤网络传播

网络传播既是对传统传播的一种继承，又具有以下自身的特征：一是传播的数字化。二是传播的互动性。三是传播的快捷性。网络传播省略了传统媒体的印刷、制作、运输、发行等中间环节，发布的信息能在瞬间传递给受众，而且网络传播的内容可以方便地实现刷新，在内容上具有极强的时效性。四是信息的大容量。互联网实现了在线资源共享，任何资料库内的信息资源只要联网，都可以成为公众的共享资源。五是检索的便利性。利用搜索引擎或新闻站点等多种检索方式，可以快速地获得自己所需要的信息。六是媒体的综合性。网络综合了报纸、广播、电视等传统传播方式，将文字、图片、声音、图像综合为一体，为公众提供全方位的信息。七是信息的再生性。网络中传播的信息可以复制或打印，成为个人信息。

（2）传播模式

传播学者研究传播过程，都毫不例外地把传播过程分解成若干个要素，然后用一定方式去研究这些要素之间的相互联系与相互作用，这样就构成了多种多样的关于传播过程的模式。

二、现代教育技术与现代英语教学

（一）现代教育技术在现代外语教学中的历史与发展趋势

1. 现代教育技术在现代外语教学中的发展简况

（1）就我国教育技术使用的国情而言，在高等学校和重点中学使用最多的还是语言实验室。这些语言实验室组合了多种媒体，形成了一个语言学习系统和语言教学系统。这类语言实验室成了中国外语教学最实用、最常见的教育媒体。目前对语言实验室的分类还很难统一。从信息传播的角度来看，语言实验室的类型有综合电化教室、多媒体演播室、多媒体 CAI 教室、AACV 型语言实验室、闭路电视教学系统、视听阅览室和多媒体阅览室。从功能和装配上区分，语言实验室又可以分为 9 种：听音型语言实验室、听说型语言实验室、听说对比型语言实验室、视听型语言实验室、遥控型语言实验室、流动型语言实验室、学习型语言实验室、携带型语言实验室和无线电发射型语言实验室。从信息流形式来区分，语言实验室分为模拟语言实验室和数字语言实验室。数字化语音实验室是在网络交换的基础上，首先将要传输的信号转化为数字信号，再通过标准的网络协议，传送给学生终端。模拟型的语音室在外语教学中曾经发挥过巨大作用，但由于其固有的一些不足，必将为数字化语音室这种全新的语言实验室所取代。数字化代表了语言实验室的发展方向，有着无限美好的前景。

（2）外语教学离不开外文信息资料的获取，卫星接收设备必不可少。作为传统的接收方法，卫星接收广泛应用于外语院校，通过传统的终端录制设备，把节目接收下来，进行编辑处理，供外语教学作为教学资料利用。

现代教育技术是在传统教学和电化教学的基础之上进行的教学方法和教学手段的改造和创新，是根据不同的教学内容和教学对象而选择不同的教学媒体。现代教育的根本特点就是将最先进的信息技术手段通过教育技术理论的指导，融入教学中去。针对现代教育技术的快速发展及传统外语教学与社会发展之间出现的不相适应的现状，将信息技术和外语教学有机地结合在一起，经过整合后发挥出来的增值优势，改变了大学外语教学中的教学方法与手段，大大地提高了外语教学质量。外语教育不仅是国际交流的需要，而且是素质培养的要求。通晓外语已经成为高级人才的基本素质之一。随着互联网的飞速发展，外语素质还会进一步成为全民性的要求，现在外语素质已经被联合国确定为衡量一个民族文化水平的标志之一。

2. 现代教育技术在现代外语教学中的优势

（1）现代教育技术在现代外语教学中的应用有助于学生个性化的发展

在传统的外语教学中，无论是教学手段还是教学方法都是单一的，主要是通过教师的口头讲解和纸质教材，来向学生传递各种语言知识，长此以往的单一教学模式很难刺激学生的学习兴趣，学生的学习行为只是被动的、僵化的，不利于学生个性化的发展，而现在可以运用现代教育技术手段来辅助外语教学。在实践教学中，教师可以充分使用教育技术设备，根据学生的不同个性、不同层次，设置难易不同的学习内容，存储于网络服务器中，学生可以随时调用资源。

（2）现代教育技术在现代外语教学中的应用可以使教学形式更灵活、教学活动更生动，有利于提高外语教学质量

在外语教学中，特别是外语实践课的教学中，传统教学方法就是由教师在课堂上通过反复的示范，口耳相传，学生感性地模仿。现在通过应用多媒体技术，在语言实验室里采用语音训练教学软件，让学生在显示器上看到通过三维技术做出来的发音位置结构演示，动态地演示口型和舌位的变化过程，还可以看到静态画面。这样学生自己通过反复观看和模仿，就可以准确地了解发音部位和技巧，找到正确的发声感觉，从而为练就一口流利纯正的外语打下坚实的基础。

（3）现代教育技术在现代外语教学中的应用，有利于提高学生的外语交际能力

外语教学的目的，不仅仅是要向学生传授语言知识，更重要的目的是培养和提高学生运用外国语言进行交流的能力。在教学过程中，利用音频技术和多媒体技术营造出逼真的

交际环境让学生产生身临其境的感觉，有助于激发学生的学习欲望，使学生主动参与到教学实践中，由被动变为主动，提高口语表达能力。通过活泼多样的教学方式，将学与练有机结合起来，对学生能力的提高会起到事半功倍的效果。

(4) 现代教育技术在现代外语教学中的应用，有利于师生间的沟通，有利于学生间的协作学习

现代教育技术在外语教学过程中的辅助作用，可以使学生进行发现式和钻研式的学习。这样形成的学习环境具有强大的联结功能，分处异地的教师和学生都可以参与到交互性的学习讨论中，通过教育技术手段搭建的交流平台，发表学习心得，进行知识的传输和交流，真正体现出群体协作、合作学习的优势。学生通过扩大交流，可以在学习中摆脱被动的学习方式，发挥主动性和创造性。

(5) 现代教育技术在现代外语教学中的应用，有利于外语教学资源库的建设

外语音像资料建设的成功与否，关系到外语教学质量的好坏。高等学校是培养外语人才的摇篮，利用现代教育技术充分发掘丰富的、具有强烈视觉冲击性的外语信息资源，建设多方面、多层次、具有时代特点的外语音像资料库，对培养具有时代性、前瞻性的外语人才有着重要的意义。

3. 现代教育技术在现代外语教学中的发展趋势

(1) 网络化趋势

现代教育技术网络化的最明显标志是互联网应用的急剧发展。现代教育技术的网络化趋势也主要表现在两大方面：即国际互联网应用的迅速发展和卫星电视网络的飞速发展。基于互联网环境下的教育体制与教学模式不受时间、空间和地域的限制，通过计算机网络可扩展至全社会的每一个角落，甚至是全世界，这是真正意义上的开放式大学；在这种教育体制下，每个人既是学生又是教师，每个人可以在任意时间、任意地点通过网络自由地学习、工作或娱乐。由于是基于信息高速公路的多媒体教育网络，所有这些都可以在瞬息之间完成，你所需要的老师、专家、资料和信息，都是远在天边，但又近在眼前。这种教学模式是完全按照个人的需要进行的，不论是教学内容、教学时间、教学方式甚至指导教师都可以按照学习者自己的意愿或需要进行选择。

(2) 多媒体化趋势

①多媒体教学系统

与应用其他媒体的教学系统相比，多媒体教学系统具有以下优点：多重感观刺激；传输信息量大、速度快；信息传输质量高、应用范围广；使用方便、易于操作；交互性强。

②多媒体电子出版物

多媒体技术除了可直接应用于教学过程之外，在教育领域还有另一方面的重要应用，这就是以 CD-ROM 光盘作为存储介质的电子出版物。

(3) 愈来愈重视教育技术在外语教学中应用的理论与实践研究

近年来，国际教育技术界在大力推广应用教育技术的同时都日益重视并加强对教育技术理论基础的研究，一方面重视教育技术自身理论基础的研究，另一方面加强将认知学习理论应用于教育技术实际的研究，同时专家学者们就如何更大、更优地发挥现代教育技术在外语教学中的应用与成效，如何结合现代教育技术的基础理论和实践在外语教学中开展更为深入的应用等方面进行深入的理论和实践研究，并已初步取得较为丰硕的研究成果。

(4) 愈来愈重视人工智能在外语教学中应用研究

智能辅助教学系统由于具有“教学决策”模块、“学生模型”模块和“自然语言接口”，因而具有能与人类优秀教师相媲美的一些功能。

(5) 应用模式多样化

不同国家对教育技术的应用也不是同一模式、同一要求，而是根据社会需求和具体条件的不同划分不同的应用层次，并采用不同的应用模式。常规模式不论是我国还是在发达国家，在目前或今后一段时间内，仍然是主要的教育技术的应用模式，尤其是在广大中小学更是如此。在重视“常规模式”的同时，应加速发展“多媒体模式”和“网络模式”，这是现代教育技术发展的方向和未来。

(二) 现代教育技术环境下外语教学的变化

1. 现代教育技术对教师的影响

现代教育技术能极大地减轻教师的工作量。在传统教学中，面对几十个学生的大课堂，在有限的几十分钟内，教师很难引导学生展开深入讨论，而且不能让学生逐个进行课堂操练，课外还要批改大量的作业，这直接导致了教学效率的低下，教师和学生都产生厌烦情绪。

现代教学中，教师要掌握多媒体软件制作技术。在软件的应用上，要体现以学生为主体、教师为主导的原则。教师再也不是知识唯一的拥有者，而是由知识的讲解者、传递者变成学习资源的组织者、学习方法的指导者。他必须具备敏感的捕捉信息与有效分析信息的能力，并且具备信息组织的个人特点，这样才能在网络化的教学中起引导作用。教师的任务不仅仅是传授知识，也不仅仅是指导学生如何学习，而要为学生提供各种学习的资源，提供一种促进学习的气氛，让学生自己决定如何学习。

2. 现代教育技术对学生的影响

（1）学习方式

基于现代教育技术的外语教学突破了传统的以教师为中心的教学方式，建立起以学生为主体的教学模式，促使学生变被动消极学习的过程为主动积极参与的过程，学生成了学习的主人。在这种学习过程中，学生利用现代教育技术教学系统创设的学习环境进行人机、师生、同学间的交流，教师成了指导者、帮助者，使学生减少紧张感、枯燥感，有了更多练习机会，增强学生的自信心，充分发挥了学生的主动性、积极性，有利于提高学习效率。

（2）学习渠道

现代教育技术创造的模拟外语交际环境，可以使学生模仿计算机中的人物发音，或参与到其中的人物对话中去，并可及时得到关于自己语句内容、语音语调正确与否的反馈。多媒体辅助外语教学注重学生的个体差异，给学生一个轻松愉快的学习环境。程度高的同学可以跳过自己已掌握的知识，直接进入自己想学的内容，加快学习速度，多获取一些信息。基础差的学生可以根据自己的情况调整学习节奏，而不必担心自己会被老师提问，或害怕答错题而被同学嘲笑。

（3）学习观念

在信息社会里，新的思想、新的观念及新的行为方式充斥着社会的各个领域，其中对教育的影响尤为明显：新旧知识的更新之频繁，信息传播速度之快、范围之广，使得学生在传统的学校教育所学的知识、技能已经不能完全适应信息社会发展的要求；计算机、多媒体技术、通信技术、网络技术等不断渗入到教育领域，应运而生的现代教育技术使得传统意义上的学习观念大为转变，取而代之的是自主学习、网络学习、终身学习。

三、多媒体英语教学及教学设计

（一）多媒体外语教学

1. 多媒体外语教学的基本定义

多媒体外语教学是指“以计算机技术为主导、涵盖多种媒体的教学方式：一方面教学主体借助多媒体光盘和网络教学资源获得学习内容；另一方面教学活动中也会吸取并发挥包括图书、磁带、幻灯片、电子白板、CD 等在内的多种媒体的特点和优势，形成合力，构建出真正意义上的立体化外语教学体系”。

2. 多媒体环境下外语教学的特点

（1）教学信息及教学方式的立体性

多媒体技术集成性、交互性等特点导致信息的立体性和应用的立体性，有利于学习者多维度的认知和语言综合应用能力的培养。外语教学借助多媒体技术手段，多种类型的语言信息通过多通道的输入、存储、处理、输出，可以让学习者置身于虚拟现实的语境中，向学习者提供大量的视觉和听觉接触信息的机会。通过对多维度信息的多途径利用，以立体的方式进行听、说、读、写、译的基本语言能力学习、训练和语言实验、研究。

（2）教学方式和学习方式的自主性

软件和网络技术使多媒体具有控制性、非线性、便利性等特点，此环境下的外语教学提供了能更有效和更高效地达到教学目标的多元化教学方式和学习方式。这有助于个性化教学，教师根据教学指导思想选择教学方式，尤其有助于实施以学生为中心的教学。

（3）教学资源的共享性

网络多媒体技术使数字化的信息轻易实现资源共享，可以改变各自为战的教学格局，为教学的集约化发展提供了条件。教师之间、师生之间、学生之间、班级之间、学校之间等均可以按需要进行教学资源的共享，从而避免了许多劳动的浪费，减轻了教与学的工作强度，甚至可以远程教学来实现师资共享、课程共享、学习合作伙伴共享等。

（4）教学管理的辅助性

多媒体环境下的外语教学还具有强大的管理功能和教学辅助功能。通过网络教学平台等途径给学习者提供各种状态数据，包括在线自主学习、在线练习、在线测试所产生的原始数据和分析数据，教师可以及时、全面、具体地了解教学变化，针对性地进行教学决策调整和对个体学习者的指导或辅导；同时，教师可实现对庞大数据支撑的形成性评估与终结性评估相结合的教学评价体系的实施。

3. 多媒体技术在外语教学中的应用

（1）多媒体语言实验室

多媒体技术改变了传统语言实验室所依赖的核心技术，即采用数字技术替代了模拟技术，从而使语言实验室具备了更强大的功能，集语音实验室、自主学习室、声像编辑室、电子阅览室、视听实验室、模拟训练室、声像资料室等多种语言实验功能于一体。

（2）多媒体教室

多媒体教室是在教室中安装了多媒体设备，主要分为单机型和网络型两类，基本配置包含多媒体计算机系统、放大显示系统、音响系统，可扩充设备包括实物展示系统、电子白板等根据教学需要增添的外围设备。

（3）多媒体网络教学平台

多媒体网络教学平台是指基于多媒体和网络技术的教学及管理系统，其教学基本功能包括课程教学、自主学习、教学资源、在线辅导、在线测试等，其管理基本功能包括课程教学管理、形成性评价、课程或专业教学资讯等。

（4）多媒体应用软件

多媒体应用软件是指运用计算机语言和多媒体技术针对单机或网络环境设计的外语教学软件。

（二）多媒体外语教学设计

1. 多媒体外语教学设计的概念

（1）教学设计是把教学原理转化为教学材料和教学活动的计划。教学设计要遵循教学过程的基本规律，选择教学目标，以解决教什么的问题。

（2）教学设计是实现教学目标的计划性和决策性活动。教学设计以计划和布局安排的形式，对怎样才能达到教学目标进行创造性的决策，以解决怎样教的问题。

（3）教学设计是以系统方法为指导。教学设计把教学各要素看成一个系统，分析教学问题和需求，确立解决的程序纲要，使教学效果最优化。

（4）教学设计是提高学习者获得知识、技能的效率和兴趣的技术过程。教学设计是教育技术的组成部分，它的功能在于运用系统方法设计教学过程，使之成为一种具有可操作性的程序。

2. 多媒体外语教学设计的基本步骤

（1）教学目标分析

在进行教学设计时，通常课程教学目标是已定的，为了实现总的教学目标，应该对它进行分析并分解，构成一个教学目标体系。

（2）情景创设

根据教学目标体系中的分解目标，对应地设计教学情景，以多媒体辅助进行情景创设，以便教学内容信息在真实或虚拟的情景中传递。

（3）信息资源设计

根据教学目标体系中的分解目标，对应地分析信息资源，结合所创设的情景，对信息资源进行分配、管理，并运用相关的学习理论，根据教学需要提出利用方案，即直接利用或是处理后利用，以及需要处理的信息应该如何处理。

（4）自主学习设计

教师应该为学习者的自主学习做好任务设计和自主学习方法指导设计，主要包括目标、内容、计划、环境和自评等要素，其中环境要素中要对多媒体环境的有效利用进行指导设计。指导学习者在适当的情况下，充分开展合作学习。

（5）合作学习环境设计

合作学习环境的设计主要是指如何针对教学目标、内容和学习者的实际情况进行多媒体教学条件和环境有效利用的方案设计。

（6）学习效果评价设计

在以学生为中心的建构主义教学模式下，教学评价（即学习效果评价）应该包括形成性评价和终结性评价两部分，其中形成性评价要具体、细致，这在多媒体环境中不难做到。形成性评价中，应该包括学习者自我评价、学习伙伴相互评价和教师对学习者的评价。

（7）强化练习设计

根据教学目标，对与主要教学内容相关的知识和技能，应该充分利用多媒体条件和遵循多媒体教学原则，设计出效率高、效果好的强化练习。

第五节　大数据背景下的高校英语评估体系

一、大学英语教师发展性评价

（一）发展性教师评价的含义与特征

1. 发展性教师评价的含义

发展性教师评价制度起源于20世纪80年代初期，最先由英国开放大学教育学院的纳托尔（Latoner）和克利夫特（Clift）等人倡导。20世纪80年代中期前后，英国公众日益关注教育质量，不少教师的教学质量受到怀疑，要求提高教师素质的呼声越来越高。面对社会舆论，不少人把提高教师素质、改善教学质量的希望寄托在教师评价制度上。1983年与1985年，英国教育与科学部和威尔士事务部先后发表了题为《教学质量》（Teaching Quality）和《把学校办得更好》（Better School）的白皮书。这是政府首次对教师评价制度进行表态，但并没有改变将教师评价视为管理和控制手段的观点。

1985年夏天，英国皇家督学团发表了题为《学校质量：评价与评估》（Quality in School：Evaluation and Appraisal）的报告，报告中对教师评价制度和奖惩制度要相互独立的观念予以了明确，在新的发展性教师评价实施的过程中，这个规定所起的作用是决定性的。1986年，咨询、调解、仲裁委员会评价工作组、教师协会、地方教育当局、教育与科学部的代表共同发表了一份报告，指出教学评价的过程具有连续性和系统性的特点，为教师的个人职业生涯规划和专业发展提供引导和帮助是其目的所在。

此后，由英国教育部与科学部出资在地方教育当局实施为期两年（1987—1989）的发展性教师评价制度试点研究工作。全国领导小组于1989年10月提交了试点研究工作的专门报告。报告中主要对发展性教师评价制度实施所要达到的目标以及所起的重要作用进行了详细的阐述，具体体现在以下两方面：第一，能够使教师的斗志得到激励，士气得到鼓舞，使教师与教师之间能够互相信任，和睦相处；第二，发展性教师评价针对教师的创新持积极支持和鼓励的态度，能够促进教师在贯彻和实施国家课程方面创新意识的充分发挥，进而使课程教学改革得到进一步深化。

因此，自20世纪80年代末以来，英国教育部逐步摒弃传统的教师评价制度，开始推行一种新型的教师评价制度——发展性教师评价。

由此可知，发展性教师评价就是在一定发展性目标的基础上，在发展性的评价技术和方法的支持下，对教师素质发展的进程进行评价解释的一种评价制度。在这一评价活动的具体实施过程中，教师通过对自己的不断认识、发展和完善，不断地对自我素质结构进行积淀、发展和优化，促进自己在专业理念、教学技能、专业服务精神等方面得到和谐自然的发展。它（发展性教师评价）不是指某一种特定的教师评价方式，而是一系列能够促进教师素质发展与提高的评价方式的总称。

2. 发展性教师评价的特征

（1）以促进教师专业发展为目的

发展性教师评价把教师工作看作一种专门职业，认为每位教师都有在教育教学的过程中不断发展的内在需求和可能性。据此，为教师提供关于教学的信息反馈和咨询，使教师对自己教学中存在的优点和缺点进行反思和总结，在此基础上对个人以后的专业发展和个人发展提供指导和帮助，进而提高专业素质和教学能力，这是评价的根本目的。显然，这种理念与现行评价体系具有质的区别。它不与奖惩、得失挂钩（通过衡量结果来评判等级、明确职责、奖优罚劣或解聘不称职的教师），其目的在于促进教师的专业发展，有助于教师在一种轻松、和谐的氛围中不断提高个人素质和教学水平，更利于调动广大教师参与教师评价的积极性。

（2）改变了单一的以奖惩为目的的评价

长期以来，由于人们认识上的偏见，对教师的考核、评比或评估，常常将教师分成优秀、良好、合格、差四个等级，以此为依据对教师实施奖励或惩罚。教师在整个评价过程中极其被动，只能接受评价结果。而发展性教师评价使教师成为评价活动的积极参与者与评价活动的主体。这时的教师评价不再是对教师工作的简单鉴定、认可或否定，而是注重为教师工作提供多方面的信息，开展咨询和提供改进建议；不再用静态的眼光看待教师，而是用动态的眼光看待教师并帮助教师发展。

（3）注重评价的分析性，强调多种方法的综合运用

传统的评价为了取得对教师奖惩的直接依据，较多地使用定量分析，尤其是以量化分数呈现评价结果，方便教师间的横向比较。而发展性教师评价的目的是对教师进行诊断，能发现教师现存的问题并提出改进策略，因此较为重视定性的分析，强调通过面谈、课堂观察、非正式交流等形式进行信息收集，同时就发现的问题与不足，有针对性地提出改进意见与建议，并为教师制定相应的发展目标。发展性教师评价注重质性评价与量化评价方法的综合运用，要求将量化的评价分析统整于质性评价当中。

（4）评价内容突出综合素质，重视个体差异

在发展性教师评价中，教师的综合素质是评价的重点所在。具体来讲，就是依据动态和发展的理念，系统、全方位、长时间、反复地评价教师教学工作中的每一个环节。因为工作中任何成绩的取得都不是一蹴而就的，而是需要长时间的积累和沉淀，因此教师所从事的教育教学活动具有长期性和复杂性的特点。所以，仅仅依靠一两次的单项评价并不能将教师教学工作的整个发展过程真实、客观地表现出来，反而会导致评价结论与教师实际工作表现呈现出较大的偏差，使教师不能很好地进行教学活动。只有进行综合评价，才能对教师教学中的工作表现有一个全面系统的了解，对教师的发展方向及需求有一个清晰的把握，进而对评价过程中的晕轮效应、趋同效应等引起的各种偏差进行有效的修正。因此，对于发展性教师评价而言，综合评价是必不可少的。

同时，发展性教师评价也注重教师的个体差异。人与人之间存在差异，同样，教师与教师之间也存在差异，具体表现在个性心理、职业素养、教学风格、交往类型和工作背景

等方面，因此在发展性教师评价过程中，应该在这种差异的基础上，使评价标准、评价重点的确立和评价方法的选择体现个性化，并且在对每一位教师提出改进意见、专业发展目标和进修计划等方面具有更强的针对性。如果忽视教师间的个体差异，就不能充分挖掘和发挥教师各自的潜能和优势，进而对教师的专业发展和积极创新产生一定的负面影响。

（5）注重发挥教师自我评价的功能

在发展性教师评价中，教师是评价活动的积极参与者，是与评价者平等的合作伙伴。发展性教师评价改变了传统评价中教师被动受评的局面，评价过程高度重视被评教师的意见和观点，有利于提高收集到的评价信息的质量，从而做出客观正确的判断；有利于被评价教师本人发现问题并主动改进和提高；有利于消除被评者与评价者之间的对立情绪，使被评者自觉地接受评价的结果。发展性教师评价重视教师自我评价的作用，强调教师的主体意识和创造精神的发挥，使教师通过自我评价认识自我、完善自我，自觉地改进问题，谋求发展。

（二）发展性教师评价的原则

1. 单项评价与综合评价相结合原则

出于提高评价结果的有效性以及可信性的目的，在发展性教师评价制度具体实施的过程中，单项评价和综合评价的有机结合是必须遵守的原则。

所谓单向评价，指的是针对教师工作的某一个具体方面进行评价，如课外活动、师生关系等，或者是针对教师在某一个时间段内的工作进行评价，如一堂课、一次班会等。对于教师综合评价而言，单项评价占有十分重要的地位，可有效地防止综合评价结论出现表面化以及简单化的倾向。

所谓综合评价，指的是采用动态和发展的眼光，系统、全程、长期、循环反复地评价教师工作中的任何一个环节。对教师而言，其所从事的教育、教学活动具有长期性和复杂性，在工作过程中所取得的任何成绩都是其不断积累的结果，并不是一蹴而就的。正是因为如此，单纯地依据一两次单项评价或者是一两次的数据统计，是不能真实有效地反映教师的工作情况的，会使评价结果与教师实际表现之间出现不相符合的现象。

综合评价与单项评价是共性与个性的关系，综合评价以单项评价为基础，并借助单项评价进行表现。离开了综合评价，就无法对评价对象的工作表现进行全方位的了解，也无法对教师的发展倾向以及发展过程中的需求进行把握，更不可能对评价过程当中因为影视界效应、考虑周到效应等引发的各种偏差进行修正。

实际上，单项评价与综合评价相结合的过程是静态评价与动态评价相结合的过程，是专题性评价与概括性评价相结合的过程，也是形成性评价与终结性评价相结合的过程。

2. 定性评价与定量评价相结合原则

现代评价理论指出，任何客观存在的现象，都有数量方面的存在。因此，在对教师进行评价的过程中，可以采取量化的方式处理评价的数据、信息及结果，进而将评价结果以数据的形式呈现出来。这样可以保证认识的准确性，并促进其不断深化，也有助于对评价的结论进行量化比较。

当然，量化不是评价过程中绝对的和唯一的途径，可以把定性评价与定量评价有机地结合起来。就教师这一工作而言，是需要付出复杂的劳动的。具体而言，这一劳动的复杂性主要体现在以下几方面：第一，多种多样的教学任务；第二，复杂多变的教学过程；第三，教师之间的共同协作；第四，灵活多样的劳动手段；第五，需要长期努力才能够取得的劳动成效；第六，具有示范作用的教师的一言一行。

由于教师的工作具有复杂性，因此对教师进行评价时应该采用定性评价与定量评价相结合的方法。在对教师的工作进行评价时，不仅要对教师的工作量、教学课时、课外活动等进行关注，还要对教师完成工作的质量进行衡量。若只关注教师的工作量，必然会导致教师仅仅将工作的重点放在课时的数量以及课外活动的次数等方面，而不关注教学质量的提高和教育科研的开展；若只关注教师的工作质量，就会造成教师单方面地追求科研成果的多少、公开课的开设等，会在不经意之间忽略作为一名教师应该履行的其他工作职责。唯有将定性分析和定量分析统一起来，才能彰显教师工作的特点，从而得出更具科学性的评价。

3. 评价过程的民主性原则

发展性教师评价与奖惩性教师评价不同，它要保证民主评价和被评教师的积极参与。这就要求破除评价过程的神秘性，增加评价过程的透明度。因此，在进行发展性教师评价时，首先要把评价目标、评价标准、评价方法、评价程序、评价要求原原本本地向评价者与被评价对象公开，以激发双方的积极性；其次要明确评价者与被评价对象之间是平等与合作的关系，而不是监督与被监督的关系。

4. 评价信息的保密性原则

唯有做好相关资料的保密工作，才能保证教师在进行发展性评价的过程中保持积极主动，进而使评价的信度以及效度得到有效的保障。这也是获得教师信息的一个极为重要的条件。就国外而言，有机会接触到教师评价报告的只有被评价对象、评价者、学校校长、教育管理部门的领导或其指定代表；而作为学校理事会主席，仅仅能够接触到校长的评价报告，但是不具备对教师的评价报告进行查询的权力，唯有提出申请之后，才能对教师评价报告中有关教师发展目标以及行动计划方面的内容进行查看，而学校理事会当中的其他成员是没有权力查看教师评价报告当中的任何内容的。

（三）大学英语教师发展性评价策略

1. 突破落后观念束缚，更新教师评价理念

思想是行为的指南，评价理念和评价活动的关系也是如此，评价理念科学与否对评价活动的合理性起着决定作用。奖惩性评价方式已成为影响和制约大学英语教师专业发展的瓶颈，这就要求大学管理者必须从转变观念入手，突破奖惩性评价理念的束缚，坚持以教师发展为本的评价理念，即发展性评价理念。将教师的专业发展放在首位，切实提高学校科研及办学水平，努力实现双赢的最终目标。同时，作为被评价的教师，也需要积极更新对教师评价的认识，增强参与评价与利用评价结果促进自身发展的能力。

2. 优化科研教学权重，关注发展体现公平

科学的教师评价制度理应通过合理设置教学、科研权重来引导教师将更多精力用于教学上，并尽量将科研与教学挂钩，做到对教学、科研的同时重视。发展性教师评价突出关注教师的专业发展，而大学英语教师队伍中教师素质呈现出明显的层次性、差异性特征，因此在教学、科研权重的确定上要因人而异。对同一教师而言，权重的分配也要体现发展性，伴随教师专业成长而动态调整。对于从教时间较短、教学经验欠缺、处于科研起步阶段的教师，可突出教学权重的主导地位，而随着其从教经验的不断丰富、知识层次的不断提高、科研能力的大幅提升可逐渐增大科研权重，使教师在不同阶段的科研、教学的权值都保持在相对合理的范围内。

3. 定量定性相结合，突出质量兼顾效率

在大学英语教师评价中实施发展性教师评价就是要结合英语学科的特征，走定量评价和定性评价相结合的道路，取长补短，相互促进。

对教师科研能力的评价，应符合英语学科学术自身的运行规律，创造相对宽松的评价环境。英语作为一门社会学科，加之英语教师课时多、教学任务重，因此学术评价中要适当淡化数量指标，考核周期也不宜太短，并要有必要的弹性，给教师潜心于教学和学术研

究的时间，文章应重精而不在多，应将原创性、前沿性作为学术评价的核心指标，将高质量、高水平作为学术评价的重要标准。

对教师教学的评价应淡化教学数量，强调教学质量。课时数可作为一个衡量工作量的参考指标，而对教学质量的评价则要结合教师自评、同行评价、学生评教、专家评估等多种渠道综合获得，而且要将评价结果及具体内容及时反馈给被评价教师，使其能在评价中获益，在未来的发展中扬长避短，切实发挥教师评价对教师发展的促进作用。

4. 评价渠道多元化，互动交流互证互补

教师的教学和科研业绩往往具有可比因素不易确定、量化难度大、后显性突出等特征，因此教师评价是一项专业性极强的工作，仅通过学生成绩、论文数量等因素，很难做到全面而客观。因此要尽可能地消除评价中存在不足，实现评价主体多元化，并强化管理者、专家、教师自身、学生、专业评价中介机构等评价主体间的沟通与交流，通过多种评价信息的互证互补来尽可能确保评价结果的客观、公正、全面。

院系领导和行政管理人员对教师的评价，应主要从掌握教师工作状态、优化教育决策角度出发，而不宜与奖惩挂钩。专家一般比被评价对象具有更高的教学科研水平，能够结合学科特点和学科发展方向对教师教学和科研能力的状况进行较客观的评价，并为其专业发展提供建设性的指导。同行与被评价对象往往具有相似的专业背景和教学、科研环境，因此对被评价对象的业务素质和思想动态往往更熟悉，通过同行评价，被评价对象往往能够得到更实用、可操作性更强的专业发展建议。

教师自评是评价民主化的一种重要手段，不但可以消除对教师评价这项工作的抵触情绪，增强主人翁意识，而且能够通过评价来激发其自我管理和自我激励的内部动力，促进其不断自我反思、自我调控、自我完善，因此应将其作为教师评价中的一个重要环节进行突出。

学生作为教学主体，既是教育产品的直接消费者，也是教学成果的直接享受者，因此对于教师的授课技能和敬业精神等方面往往更具发言权，学生评价举足轻重。教学效果具有典型的后显性，因此学生评教要突出评教的动态性和连续性，除了在课程教学过程中安排若干次评价外，在课程结束后的下一学期或几个学期后再由同一批学生对该课程任课教师进行评价，甚至可通过网上问卷、电话采访等形式来跟踪并收集部分毕业生的评价意见。以上可通过开发较完备的网上评价系统来实现。考虑到后续评价的计量对于评价实践的可操作性问题，宜将其作为一种必要的验证和辅助手段。

教师评价工作是一项专业性很强的工作，通过建立合理的外部教师评价机制，引入具有独立法人资格、权威性较强的教育评价中介机构来参与教师评价工作，能较好地解决现有各评价主体评价专业技能不足等问题，又能有效地避免外行评价内行、评价过程不透明等问题。

二、大数据背景下大学英语教师专业化发展路径

（一）信息技术对大学英语教师专业化发展的作用

1. 信息技术对大学英语教师个体发展的促进作用

信息技术作为最先进的现代教育技术，为大学英语教师的专业化发展提供了有利的平台。

（1）信息技术为大学英语教师专业发展创设基础性平台

信息时代要求人们必须具备基本的信息素质。信息时代的教育要培养学生具有迅速筛选和获取信息、准确鉴别信息的真伪、创造性加工和处理信息的能力，并把学生掌握和运用信息技术的能力作为与读、写、算同等重要的基础能力。作为实施信息时代教育的教师，必须首先具备较高的信息素养。因此，学校的教育信息化建设，为教师的信息素养的塑造提供了基础性的平台，学校领导对信息化的重视程度、建设力度以及管理水平，直接影响了教师的信息素养的发展。

（2）信息技术为大学英语教师专业技能发展创设实践平台

对于基础教育课程改革，教师必须具备较为专业的教育教学实践能力和科研能力。通过计算机网络，教师可以最大限度地吸纳、借鉴成功的教育教学经验，并可将自己的教学实践成果与广大同行进行交流探讨。借助网络，参与诸如“××论坛”“教育在线”“网络日志”等教育教学探讨活动，可有效提高自己的教育理论水平和教学研究能力。

（3）信息技术为大学英语教师专业发展创设资源平台

广义的信息技术，是指涉及信息的产生、获取、检测、识别、交换、处理、存储、显示、控制、利用和反馈等与信息有关的、以增强人类信息功能为目的的技术。然而，在新的信息技术革命时代，知识信息的呈现、传递与接收手段和方式相应地发生了质的变化。计算机网络技术的发展，更加丰富了知识的获取渠道，知识更多地以多媒体技术手段展现，实现了集成性、交互性、可控性、实时性、非线性等特征，为教师专业知识的发展构筑起了丰富的数字化知识资源宝库。

(4) 信息技术为大学英语教师专业发展创设教育反思平台

信息技术为反思性教育实践提供技术、环境、资源支持，真正实现跨时空、低成本、高效率的教学反思和研究活动，提高教师的教育科研能力和实践能力。教师对教育实践的主动探求和反思，会推动教师的责任感和理论水平的发展，使教师对教育、学校以及自身的存在与发展有一个更深刻的理解。同时，借助于网络，广大教师可以针对国际国内教育发展的倾向以及名校、名师的教育实践有一个及时了解，从成功教育典范身上受到启发，树立远大的目标，激励和促进自身的发展。

(5) 信息技术为大学英语教师专业化创设终身发展平台

教师专业化的成长是一个终身学习和终身发展的过程。现代远程教育为教师的终身学习提供了数字化、网络化学习环境和资源。通过现代远程教育，教师可以选择任何时间、地点、进度、方式，选择自己需要的内容进行自主学习；教师还可进行异地交流讨论、协作研究，实现合作学习。现代远程网络教育不同程度地满足了每位社会成员的学习需要，为构建学习型社会和终身教育体系发挥了重要的作用。

2. 信息技术对大学英语教师群体发展的促进作用

每位教师都属于特定的教研室、学科组或年级组等，这些群体发展状况与教师个人的发展密切相关，教师个人的发展是建立在群体发展的基础上的。目前，教师专业发展开始出现了群体发展的模式，这也是教师实践共同体概念的核心；而教师个体发展又是教师群体发展的最终目标。因此，教师群体知识管理是在教师个体知识管理基础上实现的个体知识交互和个体协作发展。

(1) 有助于建设基于信息技术的协作环境

与教师个人知识管理相比，教师群体的知识管理是一个更为复杂的系统工程，涉及技术、组织结构与文化各个方面。以知识管理作为其中的主要手段，不仅可以有效地实现教师专业知识的集中管理和应用，还可以使教师个人的知识管理与教师群体的知识管理实现衔接。目前，大量的社会性软件应用于教师专业发展过程中，教师群体的知识得到了更为有效的管理和运用，教师“实践共同体”之类的概念也变成了现实。

组织知识管理的技术环境往往是一个基于网络的系统，这使系统的进入变得更容易，同时也降低了系统的使用难度。为了方便教师的交流和讨论，也为了能够更好地进行个人知识的互相共享，应该尽可能地利用学校网络教学平台，或者利用互联网提供的博客等协作和反思工具的免费空间。

（2）有助于构建基于网络的实践共同体

所谓实践共同体，就是由有着同样的目标、同样的工作或者同样的兴趣的一群人组成的一个非正式的团体，在这种团体中，每一个成员都可以就他们共同关注的问题进行讨论，从而促进知识共享，加深对问题的看法。

实践共同体能够让许多对同一个目标感兴趣的群体进行有效的讨论和协作。事实上，教研室、学科组甚至班集体也可以说是一个实践共同体。传统的教师学习是教师独立进行的学习，短期培训班、研讨会模式有助于教师在团体的推动下积极学习，但其后续的反馈、支持相对比较困难，因为教师很难将有关自己教育教学实践的反思与其他教师进行讨论。基于网络的教师实践共同体，能够很好地解决上述问题，从而使虚拟实践共同体得到比较广泛的应用。虚拟实践共同体是虚拟社区的一种。所谓虚拟社区，是一个围绕某种兴趣或为达到某种需求而通过计算机网络交互方式进行交流和活动的共同体。虚拟社区的形成突破了原有的地域限制，以及早期社区概念所强调的血缘关系限制，那些拥有共同的兴趣爱好或共同的价值理念的人只要依托邮件、新闻组和网络论坛等简单的交流工具，就可以形成稳定的虚拟社区。显然，虚拟社区的形成突破了原有的地域限制，它的出现从根本上改变了人们的生活方式，尤其是交流方式，网上生存成为一种与社会生存并行的重要生活方式，对人们的心理和行为产生了重大的影响。

通过网上的教师实践共同体，教师能够围绕共同的目标进行合作，交互地进行决策和行动，共同进行探究。为此，对教师来说，应该充分尊重多元化的观点，积极参与到群体的讨论和协作过程中，这种和谐的学习环境可为教师个体提供更多的相互学习和借鉴的机会，促进新知识的形成，开发教师个体的成长潜能。

（3）有助于树立知识共享观念

从组织角度来看，个人层次的学习远没有组织层次的学习重要，也就是说，人与人之间交流学习才是组织发展关注的焦点。加强人与人之间的交流学习的实质就是知识共享，因而如何创设这样一种文化氛围，是组织知识管理所要考虑的问题。为了创设知识共享的文化，必须重视以下问题：

①学校层面应该首先提供一种合作与信任的环境和组织文化

竞争的环境是很难让人有共享的意愿的，因而要推动知识共享，必须建立一个合作的相互信任的环境。

②吸收外部最新知识并积极共享

每一位教师都应该努力学习和获取最新的教育教学理论，并将此共享给学校或者所在教学组织的其他成员。

③要以实际的行动来进行创新

一个保守的系统里面能够涌现大量的新知识，是以教师的实践和反思为基础的。因此，每一位教师都应该将自己的实践和反思与其他教师共享，并形成一个良好的习惯。

信息技术对群体专业发展的影响体现在新的组织结构与文化氛围的形成中。教师实践共同体是目前教师专业发展中一种比较常见的组织形式。在网络技术的支持下，这种形式突破了传统组织结构中的不足，采用一种扁平化的组织形态，围绕明确的目标行事，能快速响应变化的环境，为教师专业发展提供了一个高效的环境。同时，在这样的组织中，也可以形成一种知识共享的文化氛围。由于有同样的目标，分享同样的兴趣，因此只有每个人尽量在共同体内分享知识，才能实现其共同的目标，进而创造出新的知识。

对教师组织来说，信息技术的导入可能会引起原有组织结构的某种不适应，因此为了更好地发挥信息技术的作用，组织结构的转变的重塑也是不可或缺的。

（二）大数据环境对大学英语教师专业发展的要求

1. 全新的专业知识要求

传统的教师专业知识主要包括文化素养、专业学科知识、教育学科知识。显然，在信息化环境下，专业知识还应该包括高度的信息素养，因为它是信息时代下所有人都必须共有的素质。但是，从教师的职业视角来看，仅仅拥有普遍意义上的信息素养是远远不够的，还应该形成将信息技术与本职工作相整合应用的素养，即信息化教学设计与实施能力、技术支持的专业实践能力等。具体而言，在信息技术环境下，大学英语教师的专业知识还要包括以下要素：

(1) 基本的信息素养

大学英语教师必须掌握现代教学技术，具备信息素养，这是信息时代改革英语教学和提高英语教学质量的关键。具体而言，大学英语教师信息素养包括以下四方面内容：

①信息意识

信息意识是人们对各种信息的自觉心理反应，是人们对客观事物中有价值的信息的感知能力、判断能力和运用能力的综合体，即对信息科学正确的认识和对自己信息需求的自我意识。信息意识有三种表现形式：对信息具有敏锐的感受力；对信息具有持久的注意力；对信息价值具有判断力和洞察力。大学英语教师需要对教学信息有敏感度；能意识到信息对创设英语语境的重大作用，了解什么信息能够促进英语教学；具有获取有利于教学信息的意识；具有将信息与英语教学整合的意识。

②信息知识

信息知识是指一切与信息有关的理论、知识和方法，是人们在利用信息技术工具拓展信息传播途径和提高信息交流效率中所积累的认识和经验的总和，是进行搜集信息、加工信息、利用信息等信息行为的原材料和工具。信息知识包括基本信息常识和技术性知识。例如，网络信息知识，是指人们对网络信息本质、特性和常识性的一些网络基本知识的了解；网络信息技术专业知识，是指对网络信息方法、网络信息技术的了解和掌握。

③信息能力

信息能力是信息素养的核心，是指人们有效利用信息设备和信息资源获取信息、加工处理信息以及创新信息的能力。大学英语教师的信息能力是信息素养的核心，可细分为以下七种类型的信息能力：获取能力：运用 ICT（信息和通信技术）获取英语教学资源的能力，包括信息的检索和下载；评价能力：运用 ICT 客观评价英语教学资源和学生英语学习情况的能力；处理能力：运用 ICT 对英语教学资源进行教学加工的能力；管理能力：运用 ICT 对英语教学网络和本地资源进行收集、组织、整理和储存的能力；整合能力：运用 ICT 辅助英语课堂教学的能力；交流能力：运用 ICT 与专家、同行和学生进行英语教学经验交流的能力；研究能力：运用 ICT 进行英语教学研究的能力。

④信息道德

信息道德是指涉及信息开发、传播、管理和利用等方面的道德要求、道德准则在信息素养形成过程中，信息道德担任着道德规范和监督制约不良信息行为的角色信息道德作为信息管理的一种手段，与信息政策、信息法律有密切的关系，它们各自从不同的角度实现对信息及信息行为的规范和管理。信息道德包括著作权、合法性和道德规范等问题。信息道德规范的目的是为了教育人们尊重别人的劳动成果，不恶意窃取，遵循一定的信息伦理与道德准则，规范个人信息行为素质。

（2）丰富的信息化实践知识

当前，信息网络呈现出不断扩展的趋势，教育也要加快信息化的进程，这就要求未来的教师要将教会学生获取信息知识的本领、把学生培养成为信息化的人当作主要的任务，但要培养出“信息化的学生”，就要有“信息化的教师”，因为教师负有指导学生学习的任务。因此，在信息化环境下，涉及技术及其应用的教师实践性知识的探索就显得尤为重要。

教师通过对自己教育教学经验的反思和提炼所形成的对教育教学的认识；教师对其教

育教学经历进行自我解释而形成经验，上升到反思层次，形成具有一般性指导作用的价值取向，并实际指导自己的惯例性教育教学行为。教师实践性知识不仅包括表现出来的行为，还包括行为背后的信念与意识。教师实践性知识是指教师在具体的日常教育教学实践情境中，通过体验、沉思、感悟等方式来发现和洞察自身的实践和经验之中的意蕴，并融合自身的生活经验及个人所赋予的经验意义，逐渐积累而成的运用于教育教学实践中的知识及对教育教学的认识，它实质地主导着教师的教育教学行为，有助于教师重构过去的经验与未来计划，从而把握现时行动。

据此，信息化环境下的教师实践性知识，也被称为教师信息化实践性知识，是指教师基于自身教育教学的需要，在具体的日常教育教学实践情境中，通过体验、感悟、反思和提炼所形成的运用信息技术相关技能及教学理念处理教育教学问题的认识，并且这种认识会自觉地指导自己的惯例性教育教学行为。

顾名思义，教师信息化实践性知识是教师个体所拥有的实践性知识，也就是教师在应对信息技术教育情境中生成的关于“如何做”的相对稳定的策略性认识体系，是指教师在具体的日常教学实践过程中，通过体验、反思等多种方式来发现信息化教学实践过程中的意蕴，且结合自身的生活经验，逐渐积累而成的对信息化教学的认识，并且将这种认识用于指导自己的学科教学实践的知识。具体而言，教师信息化实践性知识受教师工作环境、教育对象和教学内容的影响，是教师特有的一套服务于在信息化环境下开展教育实践的综合性知识，是教师在教育教学实践中生成并不断建构形成的教育经验体系与教学智慧素养。它既包含可言明的显性知识，也具有缄默的隐性知识特性。它应用于实践，贯穿于实践，指引和规范着教师的言行，将实践活动不断推向自身教育信念所预设的目标状态。

教师信息化实践性知识生成之后并不是稳定的、长期不变的，而是根据当前遭遇的问题情境与之前的个人经验灵活组合，在复杂、动态的实践场景中表现出一种惯常性倾向，是随着信息技术的发展而发展的。它在静态上反映了教师实际上对信息技术支持的教育教学的认识，在动态上反映了教师根据自身教育信念，筛选并组织相关理论性知识，合理运用能力去开展信息化教育活动，实现预期目标的行动意识，是一种行动准则。

教师信息化实践性知识的形成和发展依赖于应用信息技术的意识及实践，是由实践经验转变而成的指导个人教学行为的规律性认识，主要包括教学信念和教学技能两个层面，具体表现为教师在教育教学过程中，具有自觉应用信息技术的意识，运用信息技术解决教育教学问题已成为一种日常教学习惯。从内容维度构成来说，教师信息化实践性知识包含教师信念、信息技术知识、信息化教学策略知识、信息化环境中的学习者知识、信息化教学评价知识等；从整个教学过程来说，它贯穿于教师备课、上课、作业检查与批改、课后辅导及学习评价各个环节。教师信息化实践性知识决定了教师的教育行为，影响着教师的教学效果，它既是教师个人专业发展的知识基础，也是教师群体专业化地位提升的知识依据。

2. 新的角色要求

信息时代的到来不仅迅速改变着人们的生产方式、生活方式、思维方式和学习方式，也给教师的工作和自身角色带来了挑战和机遇。在大数据环境教学下，大学英语教师运用现代教学手段和教学方法，改变了传统的教学理念和教学模式，在保持普通大学英语教师角色的同时，还要担当以下角色：

（1）有效主题教学模式的设计者

在大数据环境下，英语教学要求教师探讨和设计新的教学模式和方法，既要充分发挥网络的优势，又要能提高学生的学习效率。英语教学内容的主题教学模式是从现实生活中选取学生感兴趣的热点话题，进行英语语言问题探讨活动，从而自然习得英语知识与技能。整个主题模式教学围绕某个主题进行主题小组分散讨论、专题搜索阅读和集中讨论，最后以专题写作形式结束单元主题教学。教师在运用网络技术辅助参与讨论时，要合理安排课堂教学内容和网上资源的占有比例，通常阅读和写作可放在网络自主学习中，答疑解难、讨论和讲评可以在课堂上进行。

在大数据环境下，教学的每一个主题都可以在网上查到丰富的相关资料，包括有关的背景知识和最近的发展动态，学生可以对自己搜索的资料进行整理总结，得出个人的见解和结论，然后和其他同学展开交流讨论，这样才可以摒弃课本对学生的束缚，拓展延伸学生的知识面，提高学生参与话题的兴趣和积极性。在这种学习模式下，为了帮助学生迅速查到相关资料，避免耗费过多时间，教师可以在学习网站上链接常用热点与新闻的网址，帮助学生接收更多的国内外新闻知识；为了帮助学生了解英语学习信息，教师还可以介绍英语国家的主要报纸杂志的网址；另外，可以下载一些具有前沿性、争议性的资料，引发学生跟踪报道的欲望和挑战意识。当然，对于一些敏感话题，教师要及时进行正确引导，特别是有关国家民族尊严的话题。

（2）交互机制实施的促进者

应用语言学家认为，语言习得的关键在于交互活动，意义协商和语言输出都包括在这一活动之中。而计算机网络为大学英语学习的交互提供了更大便利，教师作为网络交互学习实施的促进者，要组织指导和激发学生参与主题单元任务的交互活动。比如，利用网络论坛发布教学内容和布置学生任务，为学生查找资料和分析解决问题提供指导；也可利用QQ、微信等现代通信方式就某个专题和学生进行交流，这样既节约了教师的时间，也满足了学生希望教师批改作业的要求。这些网络交互活动可以是即时性的，也可以是延时性的，学生可以在留言板或者论坛中提出问题和求助，其他同学可以参与讨论交流并给出问题的答案和帮助；就每个问题或者章节，教师可以给出自己的见解或总结性发言，做一个参与者和评价者，平等地参与讨论交流并适当给出指导性的建议。

（3）网络信息的搜集分析者

随着大规模在线公开课程的使用，大量的名校课程可以免费获取，学生进行学习的途径有了更多的选择，但这对大学英语教师提出了更高的要求。数字教育平台的建立使各门课程的网络学习者即时产生，网络课程库的信息海量、飞速、纷繁复杂地被捕捉储存起来，其中包括学习者的每个学习步骤，如时间的长短、测试的成绩、参与讨论的频率和方式等细节，通过搜集、挖掘、分析这些学习者的海量信息，能准确把握学习者的特征、学习效果，预测适合学习者下一步的学习内容和学习形式，真正做到因材施教，为每一位学生量身定做个性化的学习计划和模式。作为大数据的挖掘分析者，大学英语教师必须掌握大数据分析的方法，包括机器学习、模型预测、可视化、比较优化和数据挖掘等。机器学习是一门多领域交叉学科，涉及计算机、统计学和概率论等，目的是设计对已知数据进行自动分析、查找规律进而预测未知数据的方法。数据挖掘包括监测式学习和非监测式学习，监测式学习分析方法需要对大数据进行分类、评估。模型预测是建立数据变量模型，通过对照比较模型来预测学生未来行为的一种分析方法。可视化是将大数据进行标签编辑，便于查找分析预定的目标，可视化是进行大数据分析的有效手段。

（4）在线学习系统的建立者和学生学习过程的监控调节者

网络技术为学生自主学习提供了便利条件，调控、提供个别辅导和帮助学生自主学习成为教师的主要任务。

在网络辅导教学中，要想实现对学生有效的调控和个别帮助，首先要建立一个完善的在线教学系统。这个系统至少应包含教师端和学生端，学生通过学生端填写个人信息，按照班级向教师申请加入系统；教师通过教师端核查信息，确定无误后批准学生进入学习系统。学生可以根据各项指示导航在课程信息中获得相关学习资料，如在“单元测试”中进行自我测试和训练，在“家庭作业”中提交个人作业；还可以通过“师生论坛”和电子邮件与教师及其他同学联系交流。教师只要登录教学系统就可以查看学生的测试作业，并在网上进行批改回复，还可以浏览“师生论坛”和电子邮件，以了解学生的自主学习和参与网上交互的情况。

与传统的课堂教学模式相比，在线教学已成为课堂教学的延伸和补充，通过系统记录和处理，教师可以综合比较学生的记录，既可以获得单个学生的变化成长记录，也可以得出学生间、班级间的差别比较，从而迅速、直观、动态地了解学生学习状况。在网络教学系统中，建有“管理员”模块，在一个或者几个年级中开展网上教学活动，管理员负责系统中的关键性因素，如班级、课程、用户信息的添加与修改，不断地调整以保障整个学习系统的正常运行。整个学习系统通过联系网管、聊天室和网络论坛进行教、学、管理三方面的交互活动，学生对教学内容、方法和任务的见解和看法都可以在系统中做出反应和反馈。教师端成为教师的个人网站，教师可以传递授课内容、发布通知、布置作业任务、进行网上交流和信息反馈等。在网上教学实践中，网络学习的效率和网络资源的利用率取决于教师的具体操作与设计，以及如何调动学生参与网上自主学习的积极性。

进入网络时代，随着网络日益渗透到英语教学中，大学英语教师必须成为有效主题教学模式的设计者、交互机制实施的促进者、大数据的搜集挖掘和分析者以及在线学习系统的建立者和学生学习过程的监控调节者，大学英语教师的角色应更加多面、全能、高端。

3. 新颖的教育理念与高效的科研能力

（1）新颖的教育理念

网络环境下，语言的学习过程就是教师和学生双方相互作用的过程，教师和学生都是主体，教师是教的主体，学生是学的主体。因此，互动学生主体课堂理念不仅没有否定教师的作用，反而更加强调教师的指导管理和监督作用，教师发挥着愈加重要的作用。在这种教学理念下，作为教的主体，教师要发挥指导作用，课前必须搜索相关的教学材料，设计有效的语言活动主题，并布置课堂活动任务，调动和激发学生的参与热情，让学生课下做好充分的准备，包括上网搜集资料和课下交流讨论等。课堂交流活动可以是分组活动，也可以是个人展示；可以制作 PPT 课件，也可以播放视频；可以先讨论再展示，也可以个人先陈述观点然后同学之间相互讨论后教师进行点评。在网络互动平台上，实现师生、生生互动的课堂延伸活动，完成教师的监测环节，将学习活动任务在教室和网络空间搭建成互相促进、互相补充的统一整体。

（2）高效的科研能力

教学理论来源于教学科研实践，科研实践是检验科研理论和再次形成科研理论的基础。教育教学要把科研和教学实践结合起来，教学实践要由一定的科研理论做指导，同时新的科研理论方法产生于教学实践，二者互相补充、互相促进、共同发展。每位教师只有在对教学深入研究的基础上，才能有所提高和创新，否则只能是重复机械的劳动。因此，作为大学英语教师必须具备高度概括和提炼教学过程而形成教育科学理论来指导未来教学实践的能力。

网络时代的大学英语教师，要具有一定的科研水平。这就要求每一位大学英语教师除要了解基本的研究方法，如问卷调查法、教学实验法、文献法、访谈法外，还须掌握教育叙事研究、个案研究和行动研究等研究方法。大学英语教师可以根据自己研究的需要，选择适合自己的研究方法。另外，大学英语教师还应具备网络信息搜集、信息分析加工和信息反馈等方面的能力，并且具备进行大数据搜集和分析的能力。

（三）大数据背景下促进大学英语教师专业化发展的思考

近年来，随着社会对英语需求的日益增长、新课程改革实效性的加强以及大学英语教育教学改革的日趋深化，众多专家学者普遍开始关注大学英语教师的专业发展，并针对大学英语教师专业化的发展目标、发展方向以及专业自身的成熟度等问题进行了讨论，提出的意见也极具建设性和可行性。教师专业化就是教师在整个专业生涯中，通过终身专业训练，习得教育专业知识技能，实施专业自主，表现专业道德，并逐步提高专业素质，成为一个良好的教育专业工作者的专业成长过程。大学英语教师专业化的实现，就是要求大学英语教师在整个职业教学生涯中，不间断地进行学习、总结和进行教师专业化训练，从而不断增强自身英语专业知识储备和专业技能，最终使自身的专业素养与从教能力得以提升。只有做到上述几方面，才能成为一名优秀的专业化大学英语教师。当前，信息技术与课堂教育的结合呈现出越来越紧密的趋势，主要原因如下：一是科技的日新月异及应用的快速、普遍；二是政府对教育的关注和投入日益加大。在现代的具体教学过程中，应该从以下方面着手，使教师有效、灵活地运用新的教育技术，进而使大学英语教师的教学工作更加专业地与现代大学教育教学的特征相适应。

1. 英语教师专业化要合理协调好信息技术与传统教育之间的关系

信息技术这一概念所包含的内容较为宽泛，一方面涉及随着社会生产力发展与科学技术的发展在教育领域之中的运用，另一方面包括新的教育理论、教育新思维以及新的教学手段。多媒体网络语音室是伴随着信息技术在教育教学中的普及，以及计算机网络技术的日趋成熟而产生的。在高校教学改革中，信息技术提供了强大的技术支撑。信息技术应用并不排斥传统的面授，而是更重视应用计算机和网络的教学模式，从教师讲、学生听的教学模式转变为以计算机网络、教学软件为主的个性化和主动化的教学模式，以多媒体网络技术为基础的信息技术应用，将在大学英语教学中发挥越来越重要的作用。

新形势下，对于大学英语教师专业发展来讲，其面临的主要问题是要正确认识传统教学方式与信息技术应用之间的区别与联系，并有效进行运用，进一步丰富和拓展教学内容及模式，进而获得最优化的教学效果。

传统教学与信息技术教学之间的差异主要体现在教学模式、教学方法、教学内容上。传统教学模式是以教师、黑板、教科书、学生等为主的讲授式教学，注重教师的主导作用，课堂活动也是以教师为主体。在这种教学模式下，学生基本上是被动的接受者，学生的个体差异性得不到充分发挥。信息技术教学模式是以网络、计算机、教学软件、音频等为主的多种新技术、多层次、多角度的立体式教学模式。以学生为主体的课堂活动导致教师需要担任三种任务角色，即课堂的设计者、组织者、引导者，这样不仅发挥了教师的主导作用，而且充分发挥了信息技术的功能和优势，进而充分尊重了学生的个体差异。另外，信息技术教学创设了新的教学环境，实现了有效教学，在网络教学环境下，教师较少使用黑板和粉笔，而多采用PPT、电子邮件、视频等多种方式进行教学。此外，很多高校还开设了自主学习平台。总而言之，现代技术打破了固定教学场所的限制，使学生从传统的课堂学习走向无限的学习空间，学生的学习不再受时间、空间与地域的限制。

传统教学与信息技术教学是相互关联、相互作用的。信息技术促使教师要更新教育观念，转变教育手段。信息技术教学以其独特性、先进性、高效性著称于世，然而要想真正发挥出它的优势，就必须根据教学内容的实际需要合理使用信息技术。信息技术教学内容、模式、手段都必须符合教学目标，服务教学目的。教学中的教师、学生与教学内容、手段要相互联系、相互配合，因此应用信息技术的内容应包含在教学内容里。信息技术与传统教育技术间的关系是互为补充、互为监督的，这样可以防止出现过度依赖某种技术的现象，或者不科学地利用信息技术对教师专业化进程的发展造成不良影响。例如，部分教师在课堂教学中过度追求视觉上的新鲜感与娱乐性，在课件中插入大量的图片和视频，分散了学生的注意力，或者无法在规定的时间里展现全部的教学内容，从而使教学效果大打折扣。因此，在教学实践中，首先要对教学内容进行深入的研究，并在此基础上合理使用信息技术，只有这样，才能真正发挥信息技术对教学的辅助作用，实现课堂教学效果的最优化。

2. 英语教师专业化意识的培养与信息技术能力的习得要统一

英语教师专业化意识的培养是全面提高大学英语教师素质的一个重要环节，也是大学英语教学改革的重点。作为一个与国际接轨程度很深的学科，在大学英语的教育教学过程之中，个别教师仅以传授大学英语基础知识为基本目标，对信息技术的关注程度很低，并且随着年龄的增长逐渐失去了学习信息技术的热情，这对大学英语教学来说无疑是雪上加霜。加强大学英语教师的信息技术能力的培训与学习研究活动，将有利于大学英语教师专业意识的培养。从当前的教学实践来看，一所符合时代要求、适应现代教学需要的大学，必须是注重英语教师专业化、注重教学设备科技化的新型大学，能不断提高信息技术的应用能力。

在信息技术能力习得的过程中，大学英语教师将开阔视野，拓宽知识面，能从单纯的英语领域扩大到其他相关领域中，进而成为专业突出、知识丰富、技能全面的新型教学能手。因此，信息技术的习得能力在高校英语教师专业化能力中占有重要的地位，教师习得某项信息技术后会改变传统教育手段，从而激发学生的学习热情，提高教学效果。除此之外，对于新入职的大学英语教师来说，在信息技术的学习应用过程中，能够快速地从准专业高校英语教师向专业英语教师转变和发展，有利于快速提高教师素质和教学能力。

3. 信息技术的发展要有利于加速英语教师专业化进程

信息技术条件下的网络多媒体是一门综合技术，具体是指将文字、声音、音乐、图形、动画和声像技术中的音频、视频等多媒体形式与计算机集成在一起，并从逻辑上将这些媒体形式进行连接，便于更为生动、复杂的信息的传递。其具有多方面的优势，主要表现在以下几方面：第一，信息量大，且图文并茂，内容丰富；第二，传递速度较快；第三，具有多样化的信息载体形式，如声音、视频等；第四，集开放性、交互性、自主性、生动性和个体化于一体，能使教学效果得到有效提高。当然，这也对大学英语教师专业化发展方向和提高教育技能提出了更高的要求。

随着信息技术的发展和应用，大学英语教师利用网络和信息技术软件，既可以随时随地对西方社会文化知识结构进行系统与全面的了解，也能全面加速和提高学习应用信息技术的能力和水平；既能有效转变传统教学中内容和教学手段，也可以丰富学生的学习内容、学习技能；既可以提高英语教师教学能力和水平，也可以全面提高教育教学的效果。实践证明，在教育教学中充分利用信息技术开展课堂教学，是加快大学英语教师专业化、技能化的一个重要途径，是大学英语教学改革的重要内容。作为大学英语教师，应根据学生的年龄特点、所传授知识的不同层次与类型等选择相适应的现代信息技术，这样一方面有利于提高大学生学习英语的兴趣和技能，另一方面也有利于英语教师自身的知识储备与英语授课技能的提升，进而有利于促进大学英语教师的专业化发展。

三、大数据背景下大学英语评估体系的多元构建

高等教育具有大众化、信息化、网络化的特点，这就对大学英语教学提出了全新要求。这不仅仅是教学模式的变革，更重要的是评价理念、评价方法以及评价实施过程的变革，不断健全、完善科学的评价体系。将多元智能理论应用在教学实践中，为教育教学改革提供了一种全新的视角。实践证明，构建基于多元智能理论的评价体系对提高教学效果及学生各方面能力具有积极的现实意义。

（一）理论基础

多元评价的教学理论最初是由美国哈佛大学心理学家霍华德·加德纳（Howard Gardner）提出来的，这一概念以他提出的全新的人类智能结构理论——多元智能理论为基础。他认为，人的智力包含语言智能、数理逻辑智能、音乐智能、空间智能、身体运动智能、人际交往智能、自我认识智能和自然观察智能等八项智能，是彼此相对独立且以多元方式存在的。多元智能理论的本质承认人的智力是多元的，是多维度地表现出来的。这就要求教师在教学中根据课程性质、教学要求、教学对象和教学内容采取灵活多样的评价方式，以自由的教学情境为基础重视不同学生在认知和思维上的差异，强调以学生为中心，鼓励学生发挥主观能动性，培养学生的多元智能，实现对学生知识、能力、素质等各个方面的多方位评价，从而促进科学的教学改革方式的形成，提供改进教学的信息，并最终保证学生全方位的发展。

建构主义理论也对多元评价的教学理论产生了重大影响。建构主义认为，学生不是外部刺激的被动接受者，而应是知识意义的主动建构者；教师不是知识的灌输者，而是学生主动建构知识意义的帮助者。学生应自我监督、自我测试、自我反思以检查了解自己建构新知识的过程及成效，从而随时改进学习策略，达到最终的学习目标。因此，在教学中，教学评价的主体应该是学生，包括学生的自评和互评，应让学生积极参与到学习过程中来，而不仅仅是教师的评价。同时，评价不仅是要评价学生学习的结果，还要全方位地评价学生的学习过程。

（二）网络环境下多元评价体系的构建原则

无论是现代教育理论还是大学英语网络教学本身的特点，都要求大学英语网络教学评价是一个多元、平衡、动态的评价体系，这样一个评价体系的构建应该遵循如下原则：

1. 形成性评价与总结性评价相结合

目前，多数高校在实际操作中所采取的评价仍然是总结性评价占比较大。有的教师则提出新的评价体系应以形成性评价为主。其实，教学评价并没有固定的模式，关于形成性评价与总结性评价所占的权重问题应该以符合本校的实际情况为基础，以促进教学质量提高的原则而制定。

2. 定性评价与定量评价相结合

测试和量化打分是传统教学评价中常用的方法，在形成性评价中，有一部分内容是很难量化的，如学习表现、情感态度、学习策略等，对于这部分内容的评价宜采取定性评价的方法。

3. 评价主体多元化

评价主体的多元化包括学生的自我评价、教师对学生的评价、学生互评和网络系统的评价。关于学生的自我评价，主要是看学生进行自我评价的态度和评价的及时性。教师对学生的评价分为可量化的内容和激励性的内容两部分：课堂表现、第二课堂活动表现、随堂测试、单元测试是可量化的，而对学生的口头评价、书面评语等则主要涉及学生的情感态度、学习策略等，起的是警醒、建议或激励的作用。对于学生互评，教师要制定出评价标准，严格控制，规范操作，避免流于形式。网络系统的评价应具有客观性、高效性，教师必须熟练掌握网络教学管理平台的操作，事先设定好系统评价的内容和权重。

4. 评价内容多元化

评价内容的多元化包括对学生智力因素的评价和非智力因素的评价。对智力因素的评价内容主要包括英语知识、英语应用能力和跨文化交际能力；对非智力因素的评价内容主要包括情感态度、学习策略和意志品格。以往的教学评价片面注重对学生学习效果的评价，特别是对英语知识掌握程度的评价，忽视了对英语应用能力、跨文化交际能力的评价，更忽视了对学生情感态度、学习策略和意志品格的评价。

5. 评价形式多元化

评价内容的多元化必然要求评价形式的多元化。形成性评价可以采取随堂测试、单元测试、计算机辅助的口语测试与听力测试、第二课堂英语竞赛、英语演出等方式对学生进行英语知识、应用能力、跨文化交际能力的评价；采取电子档案式自我评价、教师口头与书面评语、教师对学生的阶段性建议等形式评价学生的情感态度、学习策略和意志品格。对于学生的非智力性因素的评价也可以采用定性的方法纳入量化的范围。总结性评价一般通过期中和期末两次考试进行，主要注意的问题是考试内容的设计要体现对学生基础知识和综合应用能力的全面考核。

6. 评价手段智能化

即实施计算机辅助评价。计算机辅助评价（CAA）是科学的评价理念与现代教育技术相结合的产物，即利用大学英语网络化教学平台的评价功能模块，设置评价的内容及权重，自动统计每一次评价的结果，自动生成结果，并导出 Excel 表格。智能化评价系统可以大幅度增加形成性评价的可操作性，从而减轻教师的工作量。

7. 评价的可操作性

理论上的论述不等于实际的操作。理论上的论述只是为实际操作提供了若干可能性。理论上看起来再合理的评价模式，离开了人的操作后也只是一纸空文。大学英语网络教学评价体系的建构不在于表面看起来形式多么花哨和新颖，而在于它的实际功效。在实际教学中，到底采用什么样的教学评价模式归根结底要依据本校的实际情况，要本着促进英语教学质量的提高和符合教师的接受能力的原则而定。

（三）基于信息技术的英语教学评价体系的改进机制

信息技术（Information Technology，简称 IT），是主要运用于管理和处理信息所采用的各种技术的总称。目前，基于互联网和校园网的大学英语教学网站建设基本包括三大部分，即课程学习系统（如教学 PPT 课件、教师电子教案、教学大纲等）、课程拓展系统（如与课程相关的音频、视频、图片、网站等资料库）和教学交互系统（如课程论坛、在线测试等）。三大系统各个模块之间可独立运行，但又相互支撑。其中，课程学习系统和课程拓展系统的应用，弥补了以黑板和教科书为主要介质的传统英语课堂的不足，在传授语言知识的同时，能更好地创造语言情景，进行多任务教学，从而加强学生语言技能的培养，即实践能力。从某种程度上说，信息技术在英语课堂教学上的优势和所取得的教学效果是传统课堂难以实现的。相比之下，在教学交互系统的设计与建设上，信息技术的优势并不明显，与前两大系统（课程学习系统和课程拓展系统）的交叉较少，较难达到传统课堂上师生及生生之间实时的、有针对性的交互效果。具体而言，基于信息技术的大学英语评价体系的构建应包括如下方面：

1. 搭建基于课堂活动的师生交流平台

按照人本主义教育家的理论，在教学中，师生关系应该是主体与主体的关系，而不是主体与客体的关系；是平等的、朋友式的，而不是隶属的、领导式的。这一点在教学评价体系中尤为重要。教师应充分信任学生能够认识自己的潜能及不足，尊重学生的个人评价以及学生对教师给定评价的反馈信息。

在信息技术的支持下，通过数据库的建设，学习网站可以记录学生每一次的学习情况，开展师生间关于学习情况的交流，即评价—反馈—再评价—再反馈，按照需要反复进行。通过交互性的评价与反馈，教师可以了解学生的内心及教学需求。

基于课堂活动的师生交流平台除具有交互的特点以外，同时具有即时性，并贯穿于每一个网络教学环节，即交互系统延伸至学习系统和拓展系统的每一个模块，使三大系统有机融合。例如，在课程教学演示中，每一页幻灯片除了知识点的介绍、讲解外，同时包含师生即时交流平台的链接。在即时交流窗口下，学生可以就学习主题向教师提问，可以以截图的方式提交学习进展情况，可以接收教师的评价，可以对教师的评价做出反馈；教师通过远程监控，可以了解学生在线登录后学习的实时情况，对学生进行指导、评价，接收学生对评价的反馈信息。再如，在线测试模块中，除提供习题、参考答案、答案讲解、答疑留言板外，还可包含即时在线答疑链接。在即时交流窗口下，学生可以和教师进行探讨，也可发起和在线学习的学生之间的讨论；针对可能出现的普遍性或共性的问题，系统可提前设定相同的自动即时回复。

2. *建立学习活动的动态监控评价系统*

学习是一个动态过程，这里提出的学习动态监控评价系统是基于档案袋评价理论进行构建的。档案袋评价是指在某个过程中为达到某个目的所收集的相关资料的有组织的呈现。电子学习档案袋可对学生在线自主学习过程进行记录，其包括如下内容：教师和学生一起设计的总体和阶段目标、即时交流窗口的评价及答疑聊天记录、自测成绩记录、上传的书面作业、上传的非网络环境学习行为及获奖情况等。

电子学习档案的建立由教师与学生共同完成，每个电子档案只能为教师及该生本人进行管理。电子学习档案袋展示了学生在学习过程中所取得的进步和成绩。通过这一过程，学生可增强对自己的自豪感和自信心，也可帮助教师观察其他学生所采用的学习策略。例如，教师可以根据大学英语课程的性质，设计网络学习活动记录的电子清单，要求学生注册学习账号，登录账号后，电脑根据后台所设定的评价标准自动记录学生在学习过程中电子清单上的所列项目，将成长值的变化即时提供给指定人群。电子清单以登录学生的姓名和登录时间命名，在退出登录时，可自动保存进电子学习档案袋。教师需要根据设计电子清单的考查项目（如学习态度、交流活跃程度、提问活跃程度、进步程度、综合表现等）

及考核等级，并且综合学生的情况，设定后台评价标准。

3. 根据实际情况设定不同的评价标准

不同的评价标准主要是指来自不同评价者的评价。基于互联网和校园网的在线自主学习，为学生提供了大量的语言实践机会，同时也拓宽了评价者的范围。学生可通过浏览网页，搜索课程相关问题，选择涉及语言各个方面的实践练习。例如，鼓励学生在网络环境下利用所学知识和英语能力，在线回答别人提出的关于词汇、句子或语篇的英汉、汉英翻译问题。关于翻译文本的质量，提问者会给出评价，学生也可参考其他人的相关回答进行自我评价。同时，学生也可将答题的网页提供给自己的教师进行评价，教师根据实际情况，确定各种评价所占的比例。

信息技术的实施赋予了大学英语教学评价活动新的特色，使评价活动可以更及时、更客观、更有效地促进教学活动的开展。但同时也要注意，网络交流不能取代当面指导，特别是师生间眼神和肢体语言的交流。网络环境下，教学评价体系中的情感因素缺失问题，是人们今后应该关注的研究方向之一。

（四）网络环境下多元评价体系的具体内容

教学评价对于教学的促进作用是毋庸置疑的。基于多元智能理论，可以建立网络环境下的大学英语多元评价体系，以进一步全面有效地衡量教学效果。这一评价体系主要包括：对学生的学习过程进行形成性评价，根据学生的智能水平进行分层次评价，对学生的语言进步程度进行发展性评价。

1. 形成性评价

在评价内容上，教师首先通过调查问卷等多种途径鉴别学生的智能优势，并根据学生现有的英语水平，在教学中将人际交往、自我认知、视觉空间等智能融入英语课堂教学环节中；设计出涉及不同智能的教学体验任务后，根据学生对于各种任务的完成情况对学生的学习过程进行全面评价，将学生的课前预习情况、课堂参与情况、课后任务完成情况、网上自学记录以及在各种教学活动中的表现纳入评价范围，对其学习过程进行记录并及时反馈。同时，在教学中教师应对学生的优势给予及时关注并进行适当鼓励，帮助学生树立自主学习的自信心，从而产生语言学习的动力。在评价主体上，该评价方式将改变教师作为评价者的主体地位，评价的权力会适当转移到学生手中，以充分发挥学生的主体作用，减少学生在教学评价环节上的压力，使学生成为评价的参与者和反思者。在评价方式上，将实施学生自评、互评与教师评价相结合的方法，以增强学生的评价积极性，从而以评促学。

2. 分层次评价

教师根据学生的实际英语水平对其进行分组，在课堂教学中进行分层教学，在网上对不同层次的学生布置不同的任务和作业。教师应充分考虑学生语言智能实际水平的高低，实行因材施教，对于不同水平的学生给予不同难度的体验式教学任务，并且在教学后根据各组学生的智能水平设计相应难度的评价试卷。

3. 发展性评价

教师应将学生在每学期英语学习过程中取得的过程性测试结果进行整理，同时参考其每学期期末的终结性成绩及其在大学英语四、六级考试中的成绩，对在不同学习阶段语言学习的进步程度进行评价。

（五）网络环境下构建多元评价体系的意义

1. 利用多元评价体系的激励机制，充分调动学生的积极性

加德纳认为，每个人身上都存在多种智能，学生之间不存在智力高低的差别，只存在智力类型的差别。每一个学生都有自己的发展潜力，教师应根据学生不同强项和弱项智能地制定多元化的评价标准。这种评价应使所有学生都能体验到成功的快乐，从而树立自信心。同时，根据评价的激励机制，教师应以一种可接受的、非防御性的语气，通过积极反馈，用表扬、鼓励等方式来增强学生信心；通过给出建议，使学生意识到自己需要改进的方向，从而达到理想的评价效果。

2. 教学评价内容更加充实，极大地发展了学生的个性

多元智能理论表明，每种智能在人们的日常生活和工作中都发挥着独特的作用。教师应重视多元智能的影响并把它纳入对学生的评价体系之中。这样的评价方式对以往传统的评价体系是个很好的补充，可以使对学生的评价更加全面。对学生的评价只是基于他们对基本概念、基础知识的理解和应用是不全面的，更应关注他们在交往、竞争与合作意识等方面所表现出来的能力、态度、情感、价值感等。

3. 重视自评、互评的作用，构成多元评价主体

多元智能理论强调以人为本，强调评价的实效，强调促进发展。以多元智能理论为指导，师生能够相互理解和信任，在此基础上，可以形成以教师和学生为主体的多元评价体系。同时，将学生自评与小组内部成员互评方式结合起来，可使各类评价主体之间增强互

动，使评价信息来源更丰富、评价结果更真实，也更有利于促进学生合作能力的发展。

评价体系是大学英语教学中一个不可或缺的环节，网络环境下的多元评价体系作为崭新的评价模式，显现出越来越多的优势和吸引力。但构建完善的大学英语课程评价体系不是一朝一夕的事情，它会随着英语教学的发展和教师理念的更新而不断完善，将在未来真正做到“以评促教，以评促学”。

第二章 大数据时代下的高校英语混合式教学模式

第一节 混合式学习的相关理论

一、混合式学习概述

（一）混合式学习的定义

目前，关于“混合式学习”的定义，仁者见仁，智者见智，无论是国内还是国外都或多或少有些纷争，目前学术界仍然没有一个明确而权威的定义。专家学者们经过长期的理论研究和教学实践分别从不同角度对此进行了界定，但就其研究的背景和侧重点不同，对混合式学习的认识和理解主要有以下几种：从学习的方式和方法出发，认为是全新的学习方式；从媒体的角度来看，认为是媒体要素的融合；从活动设计而言，认为是多元活动的结合。通过总结研究，简要介绍国内外对混合式学习定义的认识。

1. 国内混合式学习的定义

在国内，北京师范大学现代教育技术研究所所长何克抗教授将“混合式学习”理解为：“把传统学习方式的优势和 E-Learning（即数字化学习或网络化学习）的优势相结合。”更深入的理解就是发挥“以学生为主体，以教师为主导”的模式，教师和学生的角色发生变化，教师可以起到引导、支持、监督、控制的作用，学生可以充分利用教师创建的环境，自由、自主地开展学习。

另外，一些将混合式学习用于培训领域的专家学者认为混合式学习就是企业或培训机构根据培训课程需要，摆脱各种客观条件限制，优先选择面对面教学、同步教学、异步教学或者几种方式组合教学的策略。

2. 国外混合式学习的定义

在国外，印度 NIIT 公司在发表的《混合式学习白皮书》中提出“混合式学习”是一种全新的学习方式，这种学习方式包括面对面（Face-to-Face）实体教室学习、数字化在线学习（E-Learning）和自定步调（Self-paced）学习等。白皮书分别从以技能为导向、以态度为导向和以能力为导向三个维度进行了详细划分，描述了通过不同的教学方式和手段获得不同的教学目标。

混合式学习应该从学习者、教师或教学设计者以及教学管理者三者的角度进行定义。根据他的理解，混合式学习要考虑学习者的初始能力，教学方案设计人员的信息素养以及现实的实体教学环境等。

美国培训与发展协会（ASTD）也认为混合学习是一种学习方式，将其描述为：采取“恰当”的技术手段，结合“良好”的学习个性，在“适合”的时空将成“正确”的技能授予“适合”的人，从而完成知识传授，实现教学目标。

虽然国内外学者对混合式学习的定义有所不同，但是本质上并没有太大的差异，广义上普遍认为是传统教学和网络教学的结合，以达到优势互补的目的，体现建构主义的“主导—主体”作用，狭义上则认为是教学方法、媒体、模式、内容、资源、环境等各种教学要素的优化组合，达到优化教学的目的。

（二）混合式学习研究现状

1. 国内混合式学习研究现状

混合式学习在国内发展趋势迅猛，在教育领域、培训机构等多方面都得到广泛的应用，发展成果也颇为显著，改善了教学效果，降低了培训成本，提升了公司效益，因此，混合式学习模式越来越受到各界人士的认可和欢迎。

（1）学校教学

根据新课改和社会对人才的需求，创新性人才的培养是目前学校教育颇为关注的，然而传统的教学模式已经不适应社会潮流的发展，“面对面教室学习”和“网络在线学习”相结合的混合式学习方式逐渐被高校采用，高校的学习者具有一定水平的专业知识和相对较强的自学能力。学习者可以在教室里接受面对面（Face-to-Face）的教学，课下可以依托网络自主学习相关内容，分享学习资源，还可以通过和同伴或者指导老师的讨论和交流深化学习。

在我国数字化校园建设的同时，各种网络平台也应运而生，以期提高学习效率，促进学习者的学习。如北京大学建设（基于 Blackboard）的北大教学网、北师大的“教育技术概论”和由华中师大开设的“远程教育原理与技术”等精品网络课程，通过教学实践实现了对教学模式、方法、策略的研究，为教育工作者和教师的混合式学习之路起到积极的影响。

(2) 教师培训

国内的教师教育培训通过对单一的、传统的培训模式进行深入反思，认识到传统培训模式的弊端和不足，逐渐摆脱了这种培训模式，并随着对 E-Learning 的理解和掌握，最终采用混合式学习的培训模式。

面对面的集中培训和网络在线学习相结合的教师培训方式，为岗前教师和在岗教师的沟通交流提供了便利，为两者的专业化、精英化发展提供有效保障。在基础教育阶段，一些优秀教师通过混合式教学的形式，根据各种客观条件，积极开展教学改革，以期促进信息技术与课程的深度整合。

2. 国外混合式学习研究现状

国外混合式学习发展相比国内较为成熟，但无论国内外，目前混合式学习的应用领域基本是类似的，也是主要运用于学校教育和公司、企业培训等。

(1) 高校教学

在传统的美国学校里面，为了激发学生的学习兴趣，培养学生的实践能力和创新精神，教师经常采用混合式学习（Blended Learning）方式进行授课，根据课程内容，每周抽取一两节课，安排学生在寝室或图书馆进行网络在线（E-Learning）学习，通过教学实践得出结论：混合式学习有利于培养学生分析问题、解决问题的能力，有利于培养学生的交流能力、表达能力，有利于培养学生的知识获取能力和自主探究能力。突出效果主要表现为：学习者积极性提高；小组协作意识增强；指导教师角色和学习内涵产生变化；跨校园、跨区域合作增多。实践表明，在高校的教学领域中，Blended Learning 的优势逐渐显露，因此其地位和作用也越来越重要，其教学各要素的选择也有着更强的适应性和灵活性。

美国宾夕法尼亚州立大学高度评价了混合式学习，它认为混合式学习是“当今高等教育领域内一个必然的发展趋势”。加拿大卡尔加里亚大学的加里森教授认为混合式学习是高等教育应对社会发展需求的重要形式，并从小规模班级、大规模班级和基于项目的开发等类型分别介绍了国外使用混合式学习进行的课程教学。

（2）企业培训

国外将混合式学习应用到企业培训的成功案例和经验值得我们学习和借鉴，世界知名企业如IBM、SONY、诺基亚等均采用混合式学习模式，为了降低培训成本，他们将网络课程资源和经验技术充分运用在混合式培训中，获得了预期效益，实现了培训目标。

当前混合式学习模式多是在学校教学、教师培训、企业培训等三方面的应用，面向的对象也大多数是成年人，目的性强、有针对性。对于高校学生而言，具备较高的信息素养和思考能力，易于接受“面授”和“在线”相结合的方式；对于在职员工而言，由于时间或空间的限制常采用远程教学的方式，也能取得良好的结果；但是对于中小学而言，混合式学习课程则相对较少，有待开发。

二、混合式学习理论基础

混合式学习并不是以某种特定的理论为基础，而是多种理论的“相互融合”。研究表明，混合式学习的理论应该是多元的，并非一元的，还应包括建构主义理论、教育传播理论和活动理论等。

（一）建构主义理论

瑞士心理学家皮亚杰（Piaget）最早提出了建构主义学习理论，“情境”“协作”“会话”和“意义建构”是建构主义学习环境的四大要素。其认为学生对知识的消化吸收是在教师搭建的脚手架的基础上，在一定的情境中自主建构的，强调更多的是学习者对知识的探索与发现，教师的任务和角色也发生了变化，由传统课堂学习的知识灌输者转变为学生学习的促进者。建构主义提倡基于问题或项目的学习方式，教师此时作为学习者的帮助者提供必要的学习资源和环境。

这种方式强调的是“以学生为主体、以教师为主导”的“双主”模式，混合式学习模式的实践过程正好是学习者的有意义建构过程。

（二）教育传播理论

教育传播理论也是混合式学习的重要理论之一，在混合式学习过程中，包括课堂知识信息的传输、传播符号的应用、教学媒体的选择等，都需要传播理论在发挥作用。因此其在知识的传播过程中起到重要的指引作用，在教学中对采用不同的媒体和信息传递方式的研究将有利于混合式学习的顺利开展。

1. 麦克卢汉（Marshall McLuhan）：“媒体是人体的延伸”理论

加拿大学者马歇尔·麦克卢汉在《媒介通论：人体的延伸》一书中提出了一个重要的观点：媒体是人体的延伸。譬如：望远镜和摄像机是人眼的延伸；磁带和储存器是人脑的延伸；扩音器和广播是人耳的延伸等。

“媒体是人体的延伸”这一说法的提出给教育界带来了新的生机：改变了人们对媒体的传统认识，激发了人们对媒体互补性的探索。媒体对教育教学有着举足轻重的作用，人们不应该去寻找某种“万能”的媒体，应该根据客观条件和学生特征选择媒体的优化组合形式才能更好地发挥媒体效果，促进学习者学习，实现优化教学的目的。

2. 施拉姆（W. Schramm）：媒体选择定律

1954 年美国大众传播学家施拉姆提出了媒体选择定律，用来解释和分析影响人类选择媒体的行为，施拉姆认为“媒体选择概率（P）”是“媒体产生的功效（V）”与“需要付出的代价（C）”的比值，即：$P=V/C$。

由公式中可以得出，当我们在选择或使用媒体时，应该降低分母，即减少媒体使用的代价，这样便可以提升媒体的功效，从而以较小的投入获得较大的回报，这值得我们去反思和尝试。

通过对以上学者们的分析可以得出以下结论：在混合式学习中教学信息传递媒体的选择优化组合是影响教学效果的重要因素，在实际教学过程中，应根据客观条件来选择最优化媒体组合形式，提供教学资源，创造学习环境，促进学习者学习。

（三）活动理论

活动理论并不是独立学科理论而是具有交叉性，用来研究在一定的条件下人类的行为表现理论。在混合式教学过程中，教学活动设计是一个重要的环节，是体现教师教学水平的重要指标，因此需要活动理论的支撑。

活动理论的内容主要包括活动和活动系统、活动的层次结构以及活动的发展变化三个方面。在教学实践中，学习者作为活动的主体，各种软硬件教学资源和媒介作为学习者的辅助工具存在，二者的相互融合构成了活动系统。在活动理论中，学习者的学习动机直接影响了学习者在活动过程中的行为表现，并且受到外界不断变化的环境的干扰和制约。活动并非一成不变的，行为活动会因周围条件和环境的更换，处于不断发展变化的过程中。因此，在设计以学生为中心的教学设计方案时，应重点考虑以学生学为中心，全方位关注学生的个体差异，不能只是简单依据教师的教学流程进行。活动理论的核心思想强调一切教学内容都可以通过设计教学活动来开展，混合式学习更应该结合实际社会需求，抓住学生身心特点，通过实践活动培养学生的适应能力和创新精神。

三、翻转课堂概述

之所以引入翻转课堂的概念，是因为在混合式教学过程中根据部分课程性质和内容，采用最佳媒体组合形式的同时改变教学策略和教学过程，充分利用学习时间和学习资源，将课堂讲授与学习者网络自学相结合，以期实现最优化的教学目的。

（一）基本含义

“翻转课堂”作为一种全新的教学形式已经成为国内外教育者关注的热点，国内外对翻转课堂理念都给予了高度评价。翻转课堂（flipped classroom）是相对于传统课堂而言，在传统课堂上，老师在课堂上完成对知识的传授，学生课下通过练习、实践、反思完成知识的消化吸收。然而，翻转课堂变换了整个教学过程，教师课下利用信息技术手段录制微视频、课件等资源上传至学习平台供学生自主学习，课上教师通过与学生的深入沟通交流实现个别化辅导、小组协作学习等学习活动。

（二）比较分析

随着教学过程的转变，课堂学习过程中的各个环节也随之发生了变化。以下将传统课堂、翻转课堂、混合课堂各个要素（教师、学生、教学形式、课堂内容、技术应用、评价方式）进行简要对比。

表 2-1　传统课堂、翻转课堂、混合课堂各要素比较

	传统课堂	翻转课堂	混合课堂
教师	知识传授者、课堂管理者	学习指导者、促进者	传授者、参与者、促进者
学生	被动接受者	主动研究者	主动+被动
教学形式	课堂讲解+课后作业	课前学习+课堂探究	课堂教授+网络学习作业
课堂内容	知识讲解传授	问题探究	知识传授、小组协作、自主探究
技术应用	内容展示	自主学习、交流反思、协作讨论	内容展示、在线学习、交流协作
评价方式	传统纸质测试	多角度、多方式	全方位、多层次

通过以上分析，混合课堂在多种教学要素上都涵盖了翻转课堂的基本内容，两者都是在信息技术的支撑下进行的教学实施，只是翻转课堂在教学过程、教学思想方面略有差异。因此，翻转课堂也是混合式学习的一种特殊表现形式，应当根据不同的教学内容采用

个别的教学形式。

第二节 混合式高校英语课程教学模式

一、混合式教改模式的构建

多媒体网络技术在教育领域广泛应用的大环境下，“教师主导+学生主体”的教学模式在许多院校盛行。在如今智能手机、平板电脑、网络为时代印记的新技术的时代下，教学模式不仅要求灵活运用以教为主的教学策略和以学为主的学习方式，同时需要整合各种教学资源，要求教师进行相应的角色转变。依据建构主义、情感过滤假设理论为基础，结合外语教学实际出发，从语言知识、语言技能、情感态度、文化意识、学习策略五个维度综合考虑构建了适用于高等职业院校的移动平台翻转课堂授课、线上交互式数字课程学习、线下模拟场景实践、过程性与终结性评价结合的四位一体混合式教学模式。

在这个教学的过程中，教师在教学环节中不再是过去的讲授者或灌输式者，而转变为一个帮助者和支持者，教师在课前和课后的准备工作及评价工作中的功能远大于过去，而学生在课前、课中、课后均为学习的主体，这与过去的“老师讲、学生听”教学模式有了很大的不同。

二、交互式网络教学平台的应用

随着现代网络通信技术及工具的不断发展，各种英语学习 APP 的诞生，从 QQ 到微信，以及各种英语学习平台的出现，这些都为院校对英语进行移动式教学提供了强有力的基础和保障。当前大学生是各类智能手机的主要群体之一，他们更愿意接受新的事物，手机及网络给他们带来的娱乐体验自不用说，而基于智能手机，平板电脑的英语学习体验对他们来说却还比较生疏。

围绕课程教学的实施，教师的主要功能包括进度成绩、班级管理、教学计划、作业管理、考试管理、资源管理等。管理员的主要功能包括开课分班、教学管理、教学评价、权限管理等。教师和学生还可以通过讨论区和消息工具进行在线交流。表 2-2 展示了 U-MOOC 的基本功能。从这个技术结构来看，U-MOOC 不仅适合于学科教师来发布和展示所设计的微课与慕课资源，更重要的是，能够为基于微课或慕课的混合式学习提供多方面的师生互动支持，如作业提交、在线讨论等。

表 2-2　U-MOOC 的基本功能

模块	说明	工具
个人首页	学生和教师登录以后，进入个人首页，这里显示了个人课程和班级的动态信息	学生可查看近期学习课程，通过“继续学习”打开课程学习界面，从上一次退出处开始学习；教师同样可以查看自己的班级和课程，并通过“进度成绩”快速查看学生的学习进度；也可以在“班级管理中查看学生名单和在线状态，审批学生的加班申请
课程学习	学生可以浏览在线课程	浏览课程中的图文内容，观看视频，完成交互练习，参与课程中的讨论；查看学习进度与成绩，常见问题
进度成绩	教师查看班级学生的学习进度和成绩	查看学习进度，成绩策略，汇总成绩，查看和导出学生的行为记录
班级管理	教师可以管理班级与学生	创建新班级，修改班级属性，查看学生名单及在线状态，管理学生分组，批准学生加班申请等
教学计划	教师可以编辑课程内容，设置自主学习和面授教学的计划	添加章节、页面，编辑页面内容，添加作业，考试调整章页和页面顺序，隐藏章节；设置自主学习计划，设置面授计划
作业管理	教师可以给学生布置和批阅作业	布置作业，查看和批阅学生作业，共享优秀作业等
考试管理	教师可以安排考试	添加个人试题和试卷，查看共享试题和试卷，安排考试，查看和批阅学生试卷，查看考试成绩分析报告，导出考试成绩等
资源管理	教师可以上传和管理教学资源	上传资源，包括图片、视频、音频、文档等；查看共享资源等

该平台不仅有教学管理和相关英语课程的辅助教学，而且在选材方面不仅可以满足学生在校内或者校外电脑端的学习，还提供各类数字化英语教材，为学生提供各种真实的海外生活、工作场景以及角色扮演场景，使学生的英语可以在各种仿真的实际场合运用，与以往的纸质教材相比，具有完全不同的学习体验，对教师来说也是全新的教学体验。大学生的手机依赖性较强，走到哪里都不会忘记带手机，个人的习惯很难改变，既然他们时刻

离不开手机这种工具，那如何利用他们的这个特点，使他们用手机来进行学习呢？文华在线这个学习平台在电脑端和手机端均可以进行学习，该平台还有许多实用功能，如查看学生进度与成绩，查看学生的学习记录以及相关成绩，布置和批阅口语作业，记录考勤以及查看班级动态，离线学习，口语作业上传，题库进行训练。学生可以利用碎片化时间去吸收碎片化的知识，这更符合当下年轻人的生活方式和学习特点。

U-MOOC 不仅适合教师发布和展示所设计的微课与慕课资源，还能够为以微课或慕课为实施方案的混合式学习提供诸多方面的师生互动支持，基本能够满足当前的高校英语教学的实验需要。首先，教师需要利用微课设计软件以及 U-MOOC 的使用方法，来为自己的课程创建一个在线课程，然后根据交互英语教学大纲来创建不同的教学章节和页面，并将各种自主创设的教学内容上传至资源库中，最后在各章节的页面中编辑好自主学习内容。此外，教师还需要设置课程的学习计划，包括自主学习和面授课堂的计划，在课程论坛中发布供学生课后在线讨论的问题，设计用来检查学生知识掌握情况的在线考试，为全班学生创建分组并布置小组任务。然后，教师就可以通过 U-MOOC 平台的消息功能向学生发布课程预习通知，让他们在课前浏览自主学习内容，以便对下一堂课的内容有所准备，但学生可查看的时间不要过早，以防止学生因了解下一节课的教学内容而出现缺课现象。完成以上准备工作后，即完成了混合式学习的第一个阶段。在上课之前通过 U-MOOC 与学生在线进行沟通与交流，使学生对随后的教学内容能够提前有所了解和准备。正所谓“预则立，不预则废”，学生课前是否预习，对于课堂教学效果大有影响。但在传统的教学模式下，教师虽然可以要求学生预习，但很难对学生行为进行干预。相反在混合教学模式下，不仅可以通过平台的学习记录进行检查和跟踪，还可以通过多种网络工具来提醒和督促。课堂面授按照平台记录的信息向学生反馈，并按照自己的教学习惯设计组织和实施课堂教学。U-MOOC 平台可以为各个班级的学生创建分组，方便学生完成协作学习，这种在线式的小组学习方式，对于培养学生的协作能力很有帮助，同时也可以提高教师的教学管理效率，利用不同小组的组长来负责本组的活动。交互式微课也可以成为学生课后自学的重要工具，为学生提供一种互动性强的在线学习方式。在要求学生课后在线讨论、考试和小组学习之后，教师也需要做一些相应的教学管理工作，如利用 U-MOOC 平台中的进度成绩来对学生的各种在线学习活动进行监控，监控包括学习进度、学习分析、成绩汇总。此外，教师也需要经常登录平台，回答学生在论坛中提出的各种问题和批阅学生或小组提交的作业并给出相应的作业成绩及修改意见，系统将会自动反馈给每一位学生，至此构建的移动平台翻转课堂授课、线上交互式数字课程学习、线下模拟场景实践、过程性与终结性评价结合的四位一体混合式教学模式就基本形成了。

在给定时间进行了相关练习后，再进行两人一组的小组活动，因为经过前面的反复练习与操练，不论是基础弱还是强的同学都已经有信心进行相关的练习。而这种不在大庭广众下进行的练习不仅有助于保护同学的自尊，而且有利于树立他们的自信心。情感过滤假说认为：焦虑感强，情感屏障大，输入少；反之，输入多。这种人机互动模式有效地降低了学生的焦虑感，使学生真正走出“哑巴英语”的困境。学生学习风格不同，因为害怕出错，性格偏内向的学生更不愿意在人前表达自己，他们的焦虑感更强，因此机房的自主学习以及校园外的手机端及电脑端的英语学习可以有效降低他们的焦虑，促进学习的进行。

在普通课堂教学模式下，教师根据课程内容，对学生在线下的自主学习过程中出现的问题做出反馈和评价，组织学生在课上进行小组活动学习，利用“信息差”完成从机械练习到仿真实情境的实际交流，并重点对发音部分予以操练及纠正，也可以在课上播放教师提前录制的视频，强化重点，根据学生课堂状态进行实时调整。由于学生需要自主学习，并且想要了解学习效果，教师可以对学生的学习策略进行有效的指导，并在课程结束时对一个单元的课程内容以及问题进行总结。

三、课后环节

课后的学习分为机房自主学习课后以及课堂面授教学课后两部分。学习的发生主要依赖于学生的自主学习以及教师对学生的过程性评价。要求学生根据本单元的教学内容，在智能手机、平板电脑或者机房完成教师布置的系统自带的题库作业，同时根据自己的个人情况，有针对性地从兴趣出发，去挑选自己喜欢的或者自己没有掌握的模块进行练习巩固。由于学院的条件所限，目前还无法在校园内实现无线网络覆盖，平台客户端提供离线学习方式，一旦将所学内容下载完成至手机上，无论是否有网络均可以学习，等到有 Wi-Fi 时刷新一下，学习时长会自动记录在学生的学习档案中。

教师利用平台布置下一环节教学任务或者布置相关作业，作业形式除了课程自带题库，还可以布置写作、口语作业等，要求学生从系统上提交给教师批改。比如，学生上机进行了分角色的英语操练，在某一日期前要求学生提交以两人为单位进行的视频或音频形式的对话作业。该系统可以使教师在教学过程中，随时查阅学生的学习进度成绩，从该系统中可以看到学生学习的时长、班级平均学习时长、有多少人完成某一单元相关学习任务、未完成学习任务的学生，以及表现好的学生的详细情况。

如果有学生学习分数较低，教师可以专门设置重做分数线，低于分数线者要求其重做。此外，教师可以利用 QQ、微信此类普及性强的手机 APP 以及平台的“讨论吧”及时与大家交流并反馈信息。课程资源取材于真实的情景式对话，学生在课后通过观察国内类似情景下出现的对话方式来体会文化的差异，启发学生思考，在即时沟通的各种平台上与同学们分享，从而进一步了解英语国家的人文知识和文化。

另外，信息技术并不只限于学校硬件设施的进步，社会上有很多广受欢迎的英语学习 APP，比如“英语趣配音”，就是将各种视频资源呈现给用户，用户可以欣赏原汁原味的英语资料，软件还将影片的视频内容进行剪切，分成一句一句的英语，使用户在欣赏的过程中，根据喜好逐句进行模仿练习，最后由该软件将用户配音与原有的影片、短剧或者演讲进行合成，从而用户可以听到自己为某些著名影片的配音，然后分享发布出去，如果表现得好，还会有很多粉丝。至此，一个单元的学习结束，而新的一个单元的课前学习也同时开启。

四、评价方式

作为教学的一个重要环节，教学评价的科学性也能体现出一种教学模式是否适用于学生群体。由于进行了与以往完全不同的教学模式，考核也必然与以往的考试有所不同，既要能体现出学生的书面水平，又要能考核出学生的英语运用能力，这无疑增加了教师的工作强度。实验中采用的不再是以往的终结性评价，而是过程性评价，更加重视将语言基础能力的培养与实际交际能力相结合，在加强英语语言基础知识和基本技能训练的同时，注重培养学生的听说能力，以满足学生生活和毕业后工作的需要。

过程性评价有利于鼓励学生学习，激发学生学习兴趣，使学生可以一直对学习的状态予以关注，保持学习的长效性，从而发挥教学评价的正面导向作用。通过这种全程的教学评价，教师也可以获得课程的反馈，不断改进教学；学生可以了解自己的学习情况，促进自己的发展。为了达到这样的目的，实验班采用混合式教学的班级采用了新的考核方案。

这种过程性评价与终结性评价相结合的方式，一方面有利于全程跟踪学生的学习，另一方面有利于学生良好学习习惯的养成。形成性评价尤其重视对学生学习过程的评估和评判。通过多种渠道收集、综合和分析学生日常学习的信息，了解学生的知识、能力、兴趣和需求，不仅注重对学生认知能力的评价，而且也重视对其行为能力的评价。形成性评价为学生提供了一个不断自我完善与提高的机会，有助于学生的全面发展。

第三节　混合式高校英语教学模式设计与课堂

一、主题单元教学模式设计

教学模式是实际教学活动的“平面结构图”，它以高度概括的形式反映了实际教学的具体流程和行进方向，是教学论与教学实践之间的中间环节。而实际的教学活动是教学模式的扩展和丰富，它以教学模式为蓝本，进行更加自主化多样化的运行；同样，教学模式是教学活动的缩影，它不仅反映了相关的教学思想与教学实情，更是一种相当稳定的设计程序，可以为更多的教学情境所模仿、借鉴。

（一）影响主题单元教学模式的因素

在进行教学模式设计时，需要对具体的教学情境进行分析，提炼总结以得到在这个教学环境中普适性的模型。主题单元教学作为一个完整的教学周期，在进行教学模式设计时，需要考虑更多的相关影响因素，它们包括教学资源的内容类型设计，实际需要开展的教学活动，教学辅助工具的形式和功能以及评价维度与标准的设定。这些影响因素并不是独立存在的，而是以相互联系、协同作用的方式决定了主题单元教学模式的基本形态，它们的功能彼此适应、互为支撑，从而保证了教学周期中教学结构内部的稳定和统一。

（二）主题单元教学模式的结构设计

在同一主题单元的教学周期内，不同的教学活动虽然有着相异的组织形式和具体实施方案，但却处于相同的大的教学情景内，以同样的教学工具为传递媒介，具有共同的目标方向；而在这样的教学模型中，包含了课程目标的基本方向、教学媒体的特征与具体应用以及所处的实际教学条件，它们作为重要的组成元素及影响因素，决定了教学模式的基本形态，使得教学模式能够作为一种普适性的教学活动组织框架，在教学周期内发挥作用。不同的教学活动以基础教学模式为蓝本，结合自身特点与需求对组织框架进行调节与完善，从而实现同一主题单元下教学活动的统一性与多样性的统一。

国际教育技术界的共识表明，只有将传统学习与网络化学习结合起来，使二者优势互补，才能获得最佳的学习效果。基于此，我们在进行高校英语教学设计时，充分结合手机

APP 与 Blackboard 平台的具体功能与特性，提出了基于主题的整合移动工具的高校英语混合式教学模式。

在这样的混合式教学模式中，教师借助移动工具的使用，在信息技术的环境下，将集体学习、自主学习、合作学习等多种学习模式进行有组织、有结构的安排与组合，并以移动工具为媒介在混合式教学情境下开展更加丰富多元的教学活动，课上的集体讲解与课下的独立学习、课上的评价展示与课下的自主探究被有机整合，从而实现了传统学习方式与网络化学习的结合。在实际的教学过程中，教师通过移动工具向学生阶段性有目的地推送与教学任务相关的资源材料，并通过控制资源材料的时间与内容向学生进行学习任务的提醒、纠正与指导，从而打破了课堂之上与课堂之下的阻碍，教师的辅助与影响得以渗透到每一个教学环节之中，始终保持着引导、启发、监控教学过程的主导作用。

在正常的课堂教学、集体教学进行的同时，移动工具作为承载与传递相关资源、沟通学习过程的媒介，将更多的教学活动延伸到了课堂之外，为学生创造了更多独立学习、自主探究、创造共享的契机。移动工具将传统的课堂教学与课下的自主学习联通，通过资源推送、信息提醒以及交流对话等方式为学生提供学习支架，设计并完成了更加多元丰富的以学生为主体的自主学习活动。在这样的自主学习活动中，学生独立制订学习计划，探索相关任务，并通过合作、分享、评价等方式获得相关结论，其主动性、积极性与创造性得到了培养与完善，而在此过程中，教师的作用被弱化，但却并不是教学活动的旁观者，而是学生探究路线中隐性的辅助者。教师通过相关资源内容的推送为学生设置提醒、搭建支架，而这些支架规划指导了学生的行进路线，对他们不同环节应进行的不同工作做出了提醒。在这样的混合式教学中，传统学习方式与网络化学习环境得到了有机结合，课堂内外获得了连接与沟通，多种学习方式彼此适应、共同作用，而学生的主体性与教师的指导性也得到了有效整合。

作为联通课堂上下的主要工具，手机 APP 同样为教师与学生提供了更多交互与沟通的平台。在课堂之下，学生在借助手机 APP 进行查看、收藏、投稿、对话等种种操作的过程中，更多的交互和沟通得以发生，个人的学习空间以及更为丰富的学习共同体得以形成与确立，它为信息之间的分享与传递提供了机制，同时也为自主学习、探究学习、合作学习创造了条件。教师在教学任务进行的过程中，以移动工具为媒介使课务信息、任务通知、相关评价等贯穿于整个教学流程中，从而使整个教学周期更加清晰明确、结构分明、信息传达及时到位。由于更多的课堂时间得到解放，教师的活动设计也变得更加多元丰富，通过教学资源的推送与辅助使学生在课堂之下独立完成相关预习，并在课堂之上的集体学习中进行进一步的讲解与阐述；利用课堂向学生发布教学任务，却利用移动工具向学生提供支架，使学生在课下完成自主的探究与交互，并再次利用课堂进行更为深入的展示与评价。在这样的过程中，集体学习、自主学习、合作学习等多种学习方式被有机地组合和运用，教师的影响得以借助移动工具突破课堂的屏障，教学活动方式与评价方式得到了极大的丰富，在学生的能力得到更为多元有效的培养与锻炼的同时，更给予了学生更多自主学习、独立探究、合作分享、积极展示的空间，从而形成一种连接内外、交互彼此的混合式高校英语教学模式。

在主题单元教学周期内，APP 与 Blackboard 平台作为主要的教学媒介，是推送教学资源、传递相关信息的重要载体，也是实现教学系统良性循环、维持教学活动的基础支架，借助这样的特征与应用，课程活动的各项信息通知能够随着教学活动的开展而贯穿于整个教学流程中。这些教学信息是对学习者的重要提示，它们使得学习者能够更加明晰所处的教学情境和教学活动的具体情况，从而进行更加自主从容的学习安排；同时，它们也是对不同教学活动的分界与辅助，利用课程信息的及时周知来表明一个教学活动的开始或结束，说明活动进行的方法与流程，这是一种对于学习的整理与分隔，它使得阶段性的学习更具有目标性。课前设计、课时监控与课后分析等基础环节构成了一次完整的教学活动方案，教学实践前的资源与方案设计，实践中的教学调整和监控，以及教学之后的评价与分析，这些环节涵盖了一次课程教学应有的基本步骤，同时也在基础环节之内给予了教师应有的自主与自由，他们可以在这样的基本框架内进行更加有适应性、针对性的设计，并适时、适度、适宜地发挥技术手段在各教学环节的作用，随时地进行需要的调节与修订。希望在这样的一次次以基础模式为蓝本的个性化教学活动中，实现高效有序、程序分明的良性教学循环。

二、主题单元课堂教学实践

（一）主题课文的先行组织者与学习任务教学设计

在高校英语的实际教学中，不同的知识点以主题的形式进行聚合、以单元的方式进行陈列，而在一个主题单元中，最为重要并且集中反映了这个单元学习内容的栏目就是该单元的主题课文，教师一般会花费较多的时间与精力进行这一部分的准备和教学。

主题课文是单元学习的重点，是主要学习内容的聚合。为了保证课堂学习的有效性，课文内容需要学生进行及时的预习，正是因为集合这个学习单元的大部分内容，学生在预习时常常会感到方向模糊、思维混乱，无法对学习内容产生准确清晰的认识并自主寻找到有针对性的辅助学习材料。基于这一情况，对于单元课文学习这一部分，设计了有针对性的引导性材料，也就是先行组织者的教学设计。

针对这样的知识维度，结合所选择的教学媒介与教学工具，进行相应的引导性材料的设计，并在单元课文的实际课堂教学前，将这些引导性材料及时推送给学生。这些引导性材料与单元知识维度相对应，同时其内容组织形式也更加清晰有序、条理分明，学生能够通过这些“先行组织者”对所要接触和学习的知识内容产生基本的概念体系，从而使学习先行于课堂。

利用移动工具为媒介，在实际的课堂教学之前，将这些与课文知识维度相对应的引导材料传递给每一个学生，使学生能够在课堂之下自由地进行学习和思考，形成自己的认知结构，并在课堂上得到进一步的深入与完善，从而产生所谓的“固着”作用。移动工具的使用，为这样的引导性材料提供了更多的承载模式，在实践操作中，以手机 APP 为媒介，向学生传递这些先行组织者，“无纸化”的传递模式不仅是对资源的节约，同时更是对时间与精力的解放，学习材料和移动工具融为一体，移动工具所带来的便携性与直观性使学习材料更加方便于查阅与携带，从而赋予学习者更为自由简捷的学习体验；移动工具本身所具有的即时性也保证了相关材料传递的准确高效，使之能够真正为课堂教学发挥作用，更加灵动明丽、排列有序的页面设计也是对传统的纸质材料的突破。

在 Attitudes Towards Science 主题课文的实际教学中，通过与任课老师沟通，我们在进行先行组织者教学设计的过程中，实现了先行组织者与知识维度以及教师讲解之间的统一，引导性材料与课文知识维度相对应，而又与教师的讲述息息相关，在课堂教学中，教师会选择性地针对所提供的引导性材料的内容进行提问或讲解。

学生利用传递的引导性材料形成基本的认知结构，并形成相应的“固着”，而教师的课堂讲解以这样的“固着”为基础，对学生的认知结构进行不断修正、重组和完善，从而使他们能够产生更加全面客观的认识，这一过程是学生的认知不断进行自我架构的过程，而引导性材料、“固着”、课堂讲解之间的高度对应则保证了这一过程的直接高效。

它顺应了学生的思维习惯，同时能够使学生的预习真正发挥作用，这是对学生学习的激励与肯定，也促进了他们对这样的学习方式的认同。

（二）三次课时作业的教学设计

在高校英语教学中，课时作业是判定学生成绩、裁定学生表现的重要评价指标之一，它与课堂出勤情况、期末考试成绩共同组成了学生评价的主体，而除了作为评价学生的工具，英语教学中的单元作业也是巩固学生课堂知识、提升学生英语技能的重要途径，是教师检验教学效果、制订教学计划的基本依据，其重要性不言而喻。

传统高校英语教学中，课时作业设计的最大问题之一便是作业与课堂的分离。课时作业是对课堂学习的总结和反映，同时也是学生独立创造和思考的成果，它应该是一个非常重要的交互性学习的过程。但实际上，因为时间、地点等种种限制，学生在完成作业进行提交后是很难收到进一步的反馈、交流和讲解的。由此，完成作业变成了一个相对封闭的学习过程，教师与学生之间、学生与学生之间的交流与互动难以实现。在这样的封闭过程中，课时作业失去了原本的辅助教学的意义，而成了纯粹目的性的存在，仅仅是为了完成任务、获得评价而开展。同时，课时作业安排的诸多问题也限制了教师对于教学的设计与构想，方式方法的单一局限，使教师在进行教学安排时，很多时候不得不舍弃构想以适应迎合现状，从而造成了操作重复、形式贫乏、枯燥单调的局面。

要解决这一问题，需要有更为自主的时间设置，有更加方便的传递渠道，更需要向学生提供既独立又开放的作业环境，而实现这些要求的途径就是突破学习者、教师和课时作业之间的阻碍，架设起桥梁突破时间与地点的限制，这座桥梁就是作为教学资源传递媒介的移动工具。所以，在教学单元中，结合教师的教学安排，主要以手机 APP 为载体，我们设计了三次课时作业练习，我们希望能够通过这种尝试使更多的教学理念和教学构想得到实践，更希望结合新工具的作业设计能够使教学和评价的方式变得更加多元丰富。

1. 翻译作业练习——翻转课堂的尝试

翻转课堂作为一种全新的教学模式，因为萨尔曼·可汗的努力而席卷全球。有人说这是对于传统教学方式的一场革命，它对传统教学方式的时间、地点、内容以及师生关系等方方面面都进行改变和创造，以期望教育能够更加适应强调终身学习、移动学习的现代信息化社会。

作为一种全新的教学模式，翻转课堂的中心理念即通过课堂之上与课堂之下的时间与任务的置换，使学生能够在课下进行自我的预习和探究；在课上进行作业的完成和交流。翻转课堂将传统的“课堂教学，课下作业”的教学模式进行了颠倒，学生的学习活动被大量地安排在了课堂之外，而课堂之上则成了教师解答学生问题、修订学生作业、加深学生理解的主场。与传统的教学模式相比，翻转课堂的教育理念更强调学生的自主性，而教师也由单一的知识讲授者逐渐转化为资源的开发者与提供者。

实际上，我国的翻转课堂教学实践在强调学生主体性的同时，也注重教师对活动过程的辅导和参考标准的制定，所以常常会结合导学案或任务单来完成活动设计，这样的模式也被亚伦和伯格曼称之为“课堂翻转的掌握模式”。

在教学单元中，结合翻转课堂的教学理念，设计了一次英语翻译作业的练习，以期望能够以新的教育理念为基础探索高校英语课堂改革的新方式。翻转课堂强调课堂之下与课堂之上的颠倒，其本质就是为了打破原本的封闭环境，使学生、教师和教学练习能够处于同一时空之下，这样，学生之间便可以随时分享交流，教师也能够及时、有针对性地进行指导，而其中的重点之一就是移动工具的运用，它确保了课堂之下自主学习的正常运行，教师通过移动工具的使用使课堂之下的学习能够按照既定的目标和轨道运行。在教学实践中，选择手机 APP 为主要的发布交流平台，校园 Blackboard 平台作为次要的辅助工具，不仅仅是因为手机的受众广、熟悉度高，更是因为手机的便携，它能够使每一个学生都参与到学习之中，使自主学习时更加随意方便，不需要刻意携带其他工具就能够轻易地使自己、学习资源和教师处于同一课堂之上。

针对翻译作业练习，在课堂教学之前，教师通过手机 APP 将与翻译练习相关的预习资源进行推送，其中包括翻译练习中的技巧技能、难点重点等，并在课堂上向学生发布预习任务和相关注意；同时，也向学生发布即将进行的练习内容，使学生能够对照参考、把握重点。相同的资源，校园 Blackboard 平台也会与手机 APP 同步发布，使学生能够自主地通过多种途径获得学习资源、完成学习任务。

在课堂之上，教师指导学生完成发布的翻译作业，在这一过程中，教师可以直接地观察和教导学生，并对学生出现的问题进行及时的讲解与反馈，而学生也能够互相提问解答，分享彼此之间的成果，交流各自的预习心得，完成由封闭到开放、由独立到团体的转化，从而实现“翻转”的意义。此时，手机 APP 作为承载教学与作业的移动工具，是这一过程得以实现的关键，手机 APP 的运用使得预习资源、练习内容与学习者和教师处于了同一环境之下，学生可以根据讲解和所得随时翻查对照，而独立的手机工具又给予了每一个学生更加独立自主的学习环境，学生不再需要跟随黑板或是投影仪上的内容大部队一起行动，而是能够在作业、讲解、交流的过程中根据自身的情况去进行有针对性的查找和回顾。封闭的作业环境被打破，而独立自主的个人空间却得到建立，从而使学生能够既独立自由地设定学习步调，又可以在集体作业与交流的过程中得到进步。

2. 写作作业练习——手机所带来的展示

在传统的高校英语课堂教学中，课时作业与课堂的分离所造成的封闭不仅使学生在完成作业的过程中缺乏及时且有针对性的交流与指导，更使学生的作业完成之后难以收到后续性的反馈，学生与学生之间的交流被阻碍而无法获知彼此的情况。课时作业，是学生自我思考和努力的成果，应该得到重视和鼓励；同时，它也是学生自身了解同龄人学习情况、反省提升自己的重要渠道，而在传统的高校英语教学中，学生完成作业并上交后，一般由教师进行统一的批改和登记，不仅学生之间互无沟通，师生之间也常常没有任何信息反馈传递。如此，完成作业的过程便成了一个发生在封闭环境中的单向提交过程，作为反映学生思想能力的课时作业也没有发挥出其蕴含的意义。

要打破这一局面，首先要解决的就是寻找学生自身、教师和其他学生共同影响的交汇点，找到可以为这三者提供信息交流的公开平台。在教学单元中，我们针对这一问题，设计了一次写作作业训练，围绕着 Science 的主题，我们在手机 APP 上发布了以“学习与时间”为题的作文练习，并同时提供了与写作相关的技巧技能相关资源，让学生在课堂之下完成作业并通过手机 APP 在规定的时间内提交。

然后，任课教师以一定的标准在这些提交作业中挑选出具有代表性的优秀作业，并在手机 APP 中开辟专栏对这些优秀作业进行展示，同时在 APP 和 Blackboard 平台中发布系统消息，通知学生这一情况，并鼓励学生在专栏中鉴赏评论这些优秀作业。

在作文训练的实践设计中，手机 APP 成了学习者、教师以及其他学习者的交汇点，为这三者提供了能够互相交流沟通的平台。优秀作业的选择和公示实际上是教师对于学习者的一种间接反馈，被挑选出的学生受到了肯定与鼓励，未被挑选的学生则知道了需要继续进步，而所有的学生都可以通过公共平台的展示看到其他同龄人的想法与思路，能够更加直观地看到别人的长处而知晓自己的不足，并在一种良性竞争的环境中获得激励。学生通过鉴赏评论，互相交流心得、给予意见，创造协助学习的氛围，而通过这样的方式，学生将不仅是在教师处得到评价，同时也更多地知道了不同人的观点与建议，对自身的认识也会更加客观全面。原本单向的作业过程得到了极大的扩充与丰富，学生与教师之间形成了双向的交互和反馈，而学生与学生之间也因为公开平台的展示得到互相交流的机会，从而打破了原本封闭而单一的作业方式，形成了更加丰富生动的学习网络。

3. 阅读作业练习——基础之上的自由

我们必须承认，即使在同一个高校英语课堂上，学生的学习能力、学习动机与学习态度都是存在差异的。所以，在进行基础的集体教学与训练的同时，也应该留有让学生自由选择学习的余地，学有余力或是对其相关内容感兴趣的学生，可以根据自身需要进行进一步的提升与学习，而因为其他原因不能进行的学生，也可以选择忽略和放弃。这种基础之上的自由，是对学生个体差异的适应和尊重，在学生完成基本的课时教学后，给予他们选择学习的自由与权利，教师向他们提供学习所需要的资源和材料，并让他们根据自身的情况选择是否学习、如何学习以及何时学习，而不去强加更多的规则和任务，从而使每一个学生都能够制定更适应自己的学习安排。

在三次的课时作业设计中，也设计了一次阅读作业练习，作为这样的基础之上的自由。教师通过手机 APP 向学生推送阅读文章与题目以及与阅读训练相关的材料资源，不去设定时间与任务，而是让学生自由地选择操作，并在一定的时间之后推送完整的答案和解析。如此，选择学习的学生便完成了一次完整的训练与解答的过程，而不需要的学生便可以忽视或是在需要的时候再自主地进行相关的训练操作，这便是在基本课时之外赋予他们的自由。

在完成三次作业训练和全部的课堂实践之后，我们进行了一次关于移动工具的适用性及手机教学 APP 具体应用的调查问卷，从对问卷结果的统计与分析中，我们可以窥到整合手机 APP 与 Blackboard 的混合式高校英语课时作业设计的些许作用与效果。当问到“移动工具（APP）辅助教学中哪一个教学环节最深得你心”时，被选择的前两位选项分别是“辅助资源推送下的自主学习与合作交流”以及“作文作业的自由提交与优秀展示”，这两项合计所占的比例更是达到了 65% 以上。这样的统计结果说明，在整合手机 APP 与 Blackboard 等移动工具与传统教学方式的混合式教学模式中，最大的改善也让学生最为满意的地方之一就是学习自主性的扩大以及共享交流的简捷丰富，这样的教学改善反映在具体的教学环节中，如作文作业的自由提交与优秀展示。在三次课时作业的设计中，同样贯穿并体现了这样的教学效果，翻译作业的翻转课堂设计通过辅助资源的推送连接课堂上下，为学生提供学习资源、规划学习路径、设置学习提醒，充分实现了教师指导性与学生自主性的结合；写作作业的手机展示设计通过整合手机 APP 的功能与特性，将原本单一的作业提交过程丰富为师生之间彼此反馈、学生之间共享沟通的学习共同体，移动工具不再仅仅是承载与传递资源的媒介，更成了信息生成、共享、交互的平台；阅读作业的自由学习设计，在利用移动工具的存储性等相关特性提供教学资源的同时，充分考虑并尊重了学生学习的个体差异、尊重学生的学习偏好与学习选择，让他们能够根据自身需要选择是否学、如何学、何时学，指定学习计划，规划学习路径，他们的学习不再局限于课堂课时之中，甚至不再局限于课程英语之中，这是赋予他们的基本课时之外的自由，更是对自主学习的进一步扩充。整合手机 APP 与 Blackboard 的高校英语混合式教学设计所带来的教学改善涉及教学资源数量的扩充与类型的丰富，学习自主性的获得、信息的及时传递与共享等多方面，这些教学改善在一定程度上代表着各教学环节所带来的教学效果。

（三）探索西方科学精神的内涵——研究性学习的设计

作为一种"以学为主"的学习方式，"研究性学习"是指教师不把现成结论告诉学生，而是学生自己以专题、问题或者项目作为载体，在教师的指导下自主地发现问题、探究问题和获得结论的过程。研究性学习的最大优势就是将学习的主动权真正地交还给了学生。在对课题进行探讨和解决问题的过程中，不仅充分锻炼了学生制订方案、查找资料、自主学习、深入探究的能力；同时，也让他们在这一过程中学会讨论、合作和分享这些课堂之外的能力和知识。研究性学习不再只是单方向地向学生进行课本理论知识的传递，而是让学生自己自订计划、动手实践；学习不再拘泥于教室，而是有了无限的开放性；学习也不再只借助于书本，而是让学生可以通过自己的努力利用一切的媒体资源进行学习。在研究性学习中，一个小组的学习方案全部是由学生自己来提出、设计和实施的，学生被真正地置于学习的主体地位，他们学习的积极性和主动性将得到极大的激发。

英语语言文化的丰富内涵，并在其中找到自己的方向进行不断的深入挖掘，根据自我需要与自我兴趣去寻找佐证和解释的材料，这是他们在博大的英语语言文化中发现自我并进行架构的过程，而为了得到结论，学习者必须与同伴完成交流与合作，并确立展示的语句和方式，从而完成了在课堂之外，不以考试为目的的一次英语语言的综合应用。

在研究性学习中，我们必须明确教师的地位与作用。研究性学习是"以学为主"的教学过程，学生是当仁不让的学习主体，但在这一过程中，教师的作用同样重要，他是教学任务的发布者，同样也是教学情境的创建者。教师通过向学生发布教学任务和搭建教学支架以构造真实的教学情境，并指导学生在这样的情境中去制订研究计划、把握研究方向。学生自我探究和发现的过程与课堂教学相比，是一个比较远离教师的过程，教师难以像课堂一样去实时地监控。为了使学生探索的大方向不出现偏离，教师需要向学生提供前进的支架以指导他们的方向，而这个支架就是与学习任务同时提供的相关学习材料。我们希望这种支架是无处不在的，它能够贯穿于整个研究性学习的过程中，能够随着教师与学生的需要而随时搭建，这样的支架赋予了教师更多的自主，使教师能够以一种间接的身份参与到研究性学习的每一个环节，学生的主体地位没有被动摇，而教师却能够更多地对学生的研究方向进行指导和纠正，使之始终不偏离正确的研究轨道。移动工具的使用使这样的支架得到了实现，在单元教学中，教师通过手机 APP 在不同的时间段，针对研究性学习的不同环节，向学生提供可能会需要的辅助性材料，并根据实际的实践情况进行随时的增加和调整。这种不同时段不同类型的辅助材料不仅是向学生提供从始至终的学习支持，更是对学生学习阶段和学习任务的提醒，学习可以根据材料的类型和内容，知道自己现在大致应该进行哪一学习环节。

1. 任务的发布与情景的设置

在完成单元课文 Attitudes Towards Science 的课堂授课之后，教师通过总结文章大意引出需要学生探究的问题，为什么霍金会取得成功？他所在的环境氛围给了他怎样的影响？探索科学之路需要怎样的自身品质与外界支持？西方科学精神的内涵究竟是什么？形成这样科学精神的原因究竟有哪些？

然后教师向学生提出研究的任务：为了弄清楚这一系列问题，研究小组请来了你们这些研究人员来进行探究。你们要各自扮演一个角色，有社会学家、历史学家、文化学家、经济学家等，从他们各自的角度来研究这个问题。在小组活动中，交流和综合不同同伴的观点，得到最后的结论与答案，并在最后向所有的研究人员进行展示。

社会学家可以研究的问题有：

（1）西方社会普遍是怎样看待科学及其相关研究人员的？

（2）社会为这些研究人员提供了怎样的支持，营造了怎样的环境？历史学家可以研究的问题有哪些？

（3）西方的科学文化经历了怎样的发展历程？

（4）科学对西方国家的社会进步做出了怎样的影响？

文化学家可以研究的问题有：

（1）西方国家日常生活文化与其对科学的态度有着怎样的联系？

（2）科学精神的内涵与时代的发展有着怎样的文化渊源？

经济学家可以研究的问题有：

（1）科学文化的发展与经济有着怎样的联系？

（2）科学文化常以怎样的方式对经济发展造成影响？

伴随着向学生提出研究任务，教师通过手机 APP 将相关的前期研究材料在学生尚未开始探索之前推送到学生的手中。这些研究材料是对所构造情境进一步的塑造与刻画，它使这样的学习情境更加逼真完善，而学生也更有身临其境之感；同时，这些研究材料也是辅助学生向上攀爬的“脚手架”，它有效地规范着学生的探索方向和研究路线，使学生能够从这些辅助资源中认准位置，寻找灵感。

2. 自主探究前的评价控制

研究性学习是掌握在学生自己手中的学习过程，即使在这一过程中，同样有教师的影响和参与，但教师无法做到如课堂之上的实时监控与指导，所以，研究方向的正确性、研究计划的可行性以及研究历程的有效性，很多时候需要学生自己进行估量与把握，而教师要做的就是向他们提供能够比较有效地审视自身研究环节的工具，这一工具就是贯穿于探究过程中的评价性量表。

当教师向学生发布和介绍了相关任务之后，先不急于让学生进入自主的查找和探究，而是先让学生在充分的小组讨论之后，填写本小组的探究方案表。通过这份方案表，每一个小组成员都能够对自身研究方案的可行性、合理性和创造性有一个基本的认识，当出现问题时，可以及时地纠正或向指导老师请求帮助，从而避免了学生因为探究方案过于烦琐复杂甚至偏离目标而进行无用低效的研究。

3. 自主探究过程中的评价控制

当探究方案获得小组或教师的认可后，学生便可以根据自己所扮演的角色与承担的任务，开始自主学习和探索的过程。在这一过程中，教师可以向学生提供记录个体探究历程的评价量表，如个体探究记录表，让学生随着研究活动的进行逐渐完成这张表。

就个人而言，这样的记录表是对学生自身研究过程的审视与记录，它详细而直观地展示了学生达到目标、完成任务的全过程，为学生思路的整理以及后期的修订提供了直接材料；而就小组而言，在进行小组交流总结时，个人的探究记录是了解小组成员研究方法、研究历程与研究成果的有效途径，它提高了小组成员之间互相交流了解的效率，同时也为小组内部评价成员的工作提供了参考。

4. 自主探究后的评价控制

当所有的小组自主探究完成之后，就可以让每个小组在课堂上进行汇报。先让每个小组选出一个成员对自己小组的探究过程和情况做一个简要的介绍，随后，让每个小组成员在全班同学面前简单介绍自己的职位，所承担的任务以及完成的情况。此时，教师应该成为交流的主持者，引导着学生就同伴的探究及结论提出疑问，并及时地针对学生的情况进行补充讲解和总结说明，以求让学生在展示交流的过程中逐渐获得更加深入全面的理解。

在每个小组汇报的过程中，教师可以一定的标准对每个小组及小组成员进行评价，并作为平时成绩的参考，如结合研究性学习小组评价表中的各项指标，对每个小组的整体完成情况进行评价，并依据每个小组成员所承担的职务和汇报情况，对每个学生进行估量。

研究性学习活动设计的出发点与目的都是为了培养学生独立思考、解决问题的能力，教师的地位与作用得到弱化，学生则成了学习行为的真正决定者，由学习者自身确立学习路线、规划探究历程并得到相关结论，学习活动的另一方由教师转化为同伴，更多的学习交互在小组同伴中进行。在这一过程中，教师的作用虽然被弱化，但并不应是置身事外的旁观者，而是学生探究路线中隐性的辅助者，教师通过相关资源内容的推送为学生设置提醒、搭建支架，而这些支架规划指导了学生的行进路线，对他们不同环节应进行的不同工作做出了提示。我们希望这样的支架是能够无处不在的，它既能够最大限度地适应教师的需求，使教师能够在任何需要的时刻做出即时性的呈现；同时又能够贯穿于学生探究过程中的每一个环节，以一种辅助攀爬的姿态代替教师完成对学生学习行为的指导与监控。

在学生自主研究前，通过推送西方名校校训、名人名句以及一些著名科学家的探索历程，让学生从中寻找灵感、制定目标；而在自主研究的过程中，向学生适时推送西方国家生活文化中的各种习惯与认知，这些内容包含了西方社会文化中对于爱情、婚姻、友情、家庭等各个层面的介绍和分析，从而向学生提供更为广阔的文化背景，使其的探索过程能够更加深入全面；而在自主探究过程之后，再次向学生推送了口语语言表达的一些技巧技能以及科技文章的相关注意，以期能够对学生的总结撰写、课堂之上的任务展示提供帮助。

如此，教师便完成了贯穿于整个研究性学习过程中的辅助，在不同环节向学生提供适应相关时段需要、符合学习习惯的支架，教师以不干涉学习主体地位的方式参与到了所有学生的探究过程之中，维护了研究性学习活动过程及其结果的有效性。在这里，移动工具的使用成了完成这一过程的关键，手机 APP 与 Blackboard 平台作为教师介入学生研究活动的主要媒介，它们是教学支架的承载者，教学支架因为移动工具的存在而具有了适应时段的即时性，从而能够在相对应的环节发挥具体的效用。手机 APP 与 Blackboard 平台的贮存性与直观性，在给予学生更加生动简捷的使用体验的同时，也提供了携带、查找、回顾和应用的便捷与高效。于教师而言，这些移动工具带来了更多调整与操作的自由，教师作为 APP 与 Blackboard 平台的管理者，移动工具为教师能够根据需要随时介入研究活动中的需求创造了条件。

三、主题单元课程评价设计

评价，是任何教学活动中最为重要的设计与安排之一。不论是发生于教学之前的诊断性评价，贯穿于教学过程之中的形成性评价，或是教学结束时的总结性评价，其目的都在于维持教学活动的正常运行，时刻修正教学行进的目标方向。在一次完整的教学流程中，教学评价是不可或缺的环节，并且常常会有多种评价方式共同发挥作用，于学生而言，获得教学评价不仅是完成教学活动的根本目标之一，更是能从中获得学习动力的有效途径，教学评价带来了同伴之间的良性竞争，学生在这一过程中获得了比较、激励，更有学习的自豪与满足。而对于完整的教学活动而言，教学评价是对教学过程的调控和总结，它时刻以一种反馈的方式呈现教学的效果与问题，从而使教学过程得到及时的处理与修正。

在具体的教学活动中，应该采取怎样的评价方式、进行怎样的评价设计，是没有具体答案的，评价方式的选择与设计应该因时因地制宜，它与具体教学情节的安排、教师课程目标的设定以及教学工具的使用等种种因素息息相关，其评价维度与参考指标的设计都应该由实际的教学情况所决定。因为教学环境的相对封闭以及教学方式的单一，课堂答到、平时作业和期末考试，是传统英语大学课堂上最主要的三大评价方式，多年的一成不变带来的是学生学习兴趣的消退以及英语课堂的沉闷。

作为单元教学中的主要工具媒介，手机 APP 承担了相关课程资源的推送、辅助支架的提供、课时作业的发布与展示等多种教学任务。我们希望通过个人手机 APP 的方式为所有的学生构建属于自己的学习交互空间，在这个空间中，他们可以自主地选择学习内容、制订学习计划，也能够知晓其他学习者的想法和动态，完成同伴之间的交互。手机 APP 向所有的学生提供了一个资源库，这些资源一方面由教师提供，对他们的课堂学习或是课外研究提供辅助；而另一方面则是由学生的参与所得到，他们所发布的评论、问题、投稿以及上交的作业，被更多的人反馈，从而形成了手机 APP 资源结构的良性循环，使资源获得了“生长”。利用手机 APP，学生获得了更加自主自由的选择权，也从而带来了在 APP 中不同的表现，或是积极参与留言讨论，或是保持沉默；或是进行了多次的栏目投稿，或是作业优秀得到了展示。必须承认，不同的学生对资源结构的贡献是存在差异的，而这样的表现在一定程度上反映了学生对于学习活动的积极性与参与度，所以，针对手机 APP 中的表现，结合 APP 所提供的各项模块和功能，我们从多个方面进行了评估，并以参与教学实践的五位同学为例来说明。

通过手机 APP 的统计，教师能够对每一位学生在 APP 中的行为有一个基本的认识，并据此对学生的表现进行评估，学生留言评论、发帖投稿的数量，作业提交的次数以及作业是否优秀得到了展示都可以作为评估学生表现的参量。在传统的高校英语课堂中，因为缺乏具体的数据，学生的表现常常只能根据教师的回忆体验进行主观的判断，我们希望能够通过一种方式将“参与度”“积极性”“表现”这些难以实际测量的因素体现在具体的行为中，并得到数据的统计与量化。如此，当教师再次进行学生评价时，便可以有更多的具体参考，使评价结果能够在基于数据的基础上更为客观。移动工具的记忆性是实现这样量化的关键，它在为每一位学生提供个人的学习与交互空间的同时，也在记录每一个学习者的学习轨迹和行为，这不仅使学生本身对自己的学习经历有一个清楚的认识，更为进行相关的评价活动提供了依据。作为独立的教学环节，课程评价并不是孤立存在的，它与教学工具的选择、教学模式的设计以及教学活动的安排等环节彼此影响与适应，在教学目标的指引下构成了完整的教学结构，手机 APP 和 Blackboard 平台的功能与应用贯穿了所有教学环节设计的始终，它们的影响渗透到了教学流程的每一步，也直接造成了评价方式的适应性改善。丰富客观的评价不仅会使教师对教学过程获得更加深刻全面的体验，并据此进行修正与调节，同时，更是对学生学习兴趣的唤起和有效激励，移动工具的发展与应用无疑向我们提供了改善高校英语教学评价方式的新思路。

第三章 大数据时代下混合式学习与大学英语教学方法

第一节 混合式学习与高校英语听力教学

一、英语听力简述

（一）“听”的内涵

听是一个涉及主观能动性的活动，其中包含对听者信号进行主动选择，然后编码加工信息，从而对交谈方想要表达的意图、正在发生的情况进行确定。

理查兹和施密特（Richards & Schmidt）对“听力理解”进行了专门的探讨，听力理解涉及的对象是第一语言和第二语言，所要做的事情就是弄懂这两种语言。但是，对这两种语言的理解是有本质区别的。其中，对第二语言的听力理解比较关注语言的结构层面、语境、话题本身以及听者本身的预期。

著名学者林奇和门德尔松（Lynch & Mendelsohn）对听说的内在关系进行了说明，在他们看来，要想进行“听”“说”是关键，但是也认为“听”会受到其他声音或者画面的影响，因此要求听者基于已有的经验，从语境考虑，分析与研究话语。另外，“听”这一过程并不是单一的，而是连续不断的，具体可以从如下几点理解：

（1）如何将语音进行划分。

（2）如何对语调形成一种认识。

（3）如何对句法进行详细的解读。

（4）如何把握语境。

大多数时候，上述过程是在人们的无意识中悄悄进行的。此外，两位学者还就“听”

和“读”的联系与区别进行了阐释，并认为与“读”相比“听”的作用更加显著，具体包含以下几点：

（1）让人感受到一种韵律的美。

（2）让人产生一种对追逐速度的急切心理。

（3）对信息的加工和反馈都在最短的时间内完成。

（4）耗时较短，通常不会重复进行。

“听”与“读”都是一种对信息的输入，但是在大学英语听力教学中教师绝对不能将“听”看作阅读的声音版，而应该认真研究“听”的本质属性，并据此去组织教学，从而帮助学生获得一定的听力技能。

（二）听力理解

从信息论的角度来讲，听力理解是对信息进行认知加工的过程。“听力理解”呈现出以下几种特征：

1. 时效性

时效性是指听力理解要求听者在一定的时间内高效地对声音信息进行加工。要做到这一点，听者需要认识到时间的紧迫性并且能够快速地判断。声音信息输入的流线型特点也同样要求听力理解具有时效性。听力理解是否具备时效性，往往成为衡量一个人听力能力的一个关键指标之一。

在大学英语听力教学中，教师可以将听力理解的时效性特点向学生进行详细的解释，这样可以督促学生做出更好的听力计划，促使学生监控和评估自己的听力能力。如果要想保证理解效果的最大化，听者就需要解决自身的听力时效性，如果不能解决这一问题，那么听者就很难理解发话人接下来的话语。

2. 过滤性

过滤性是指听者在听力理解的过程中能够准确地筛选出有用的信息，而剔除那些无用的甚至是干扰的信息。简单来讲，过滤性就是“抓关键信息”。

显然，听者不需要原原本本地将听力内容在头脑中放映一遍，但是必须能够把握住听力内容的中心思想。因为听力理解的内容是一连串连续性的语言符号，人们必须从整体上把握内容，而不是孤立地关注某一个音素。想要把握听力内容的中心思想，不偏离听力内容的大方向，就必须先获取发话人的“主题”，然后围绕这一主题探索事件的时间、地点、过程以及发话人的思想情感等边缘要素，主题和边缘要素存在着一种内在的连贯性。

3. 即时性

即时性是指听力理解无法提前安排和计划，都是随时进行、随时结束的。这就使得我们不可能提前对听力理解进行演练，从而导致了听力理解的不可预知性，这正是它的难点所在。因此，在听力教学中，教师应该尽可能地培养学生对听力材料的适应能力，能够对各种情况做到随机应变。

4. 推测性

推测性是指听力理解通过推理进行的。其实说到底，只要是含有理解的行为，就少不了推理的存在。说得具体一点，推理就是依靠自己的主观能动性不断验证先前假设的认知过程。

在一次完整的推理中，有两个环节是必不可少的。首先是预测将要发生的事情，其次是对结果进行推断。当然，这两个环节有其存在的前提，也就是我们不能做无缘无故的预测，那是妄想，而是要根据已有的知识经验来推测未知的事物。并且已有的知识经验和未知的事物之间是有着内在关联的，听者就是需要通过这些显性或者隐性的关联来寻找发话人的信息，从而推测相互发话人的意图。

5. 情境性

情境性是指听力理解发生在特定的时间、场合之下，时间、场合就构成了听力理解的情境。随着时间和场合中任何一方面的改变，情境就会改变，这就引起了不同听力情境的发生。

听者之所以要关注听力理解的情境，是因为这些情境中包含着很多重要细节，它们决定了听者对话语意义的理解，同时也为即将产生的话语提供理解的线索。在日常的听力教学中，教师要提醒学生注意情境，有意识地提高学生对情境的敏感度，从而促使学生对话语有更准确的理解。另外，教师应该尽量为学生创设真实的情境，因为语言的运用就是在真实的情境下发生的。

6. 共振性

“共振性”这一概念应该是从物理学中移植过来的，表示一种瞬间感应性。听力理解具有共振性，指听力理解是在对应原则的基础上发生的，有着自己独特的经验和惯性。

具体来讲，在听力理解中，一些新信息不断地刺激大脑，从而激活大脑中的已有知识，新知识和已有知识之间的交流就是共振。那也就意味着，你拥有的知识总量和你的感知能力的高低是成正比的，和你的共振效率也是呈正相关的。听力理解的共振性和信息加工理论中的“编码—解码”程序具有很大的关系。

（三）听力策略与具体技巧

1. 听力认知策略

根据认知理论，听力理解是一个需要听者积极构建意义的过程，也是一个复杂的认知过程。在学习中运用认知策略对学生建构意义，提高获取信息的能力大有裨益。将基于认知策略的听力教学模式运用于大学英语听力教学实践，对提高学生的听力水平和教学效率十分有利。

基于认知策略理论的英语听力学习模式的实施步骤具体如下：

（1）听前阶段

在这一阶段，教师主要是让学生了解听力材料的背景知识；让学生学会运用各种资源与策略，可以是查阅词典，也可以是看百科全书等，让学生对知识加以积累，为听力的展开做准备。

（2）听中阶段

在这一阶段，教师应培养学生的推测与联想、速记与演绎等策略，通过这些策略对学生的听力活动进行辅助。当听第一遍录音的时候，教师应该让学生对文章大意予以掌握，即要求学生从自身的知识出发，运用联想策略，对篇章大意进行归纳。当听第二遍录音的时候，学生需要对细节进行把握，教师应该引导学生集中注意力去听，对重要信息把握清楚。当结束之后，如果出现遗漏的信息，教师可以引导学生进行推测，从而让学生从整体上对材料进行把握。

（3）听后阶段

在这一阶段，教师要对学生的归纳与总结能力进行训练，让他们对材料进行加工，运用自己的语言总结出来。

另外，教师应该引导学生对听过的内容进行复述或者模仿练习，从而对内容与材料加以巩固。

2. 听力训练的方法

（1）听—画：学生边听英语，边画出相应的图画。

（2）听—视：学生边看黑板上的图画，边听教师讲。有条件的地方可利用投影仪、幻灯片或录像机进行视听训练。

（3）听—答：教师对听的内容进行提问，要求学生口头回答。

（4）听—做：教师根据所听的内容发出指令，要求学生做出相应的行动或表情，如“Show me how David felt when he met Jane at the airport.”教师使用课堂用语时向学生发出的指令也应属于此类，如“Come to the front.”

（5）听—猜：学生在听前根据教师的“导听问题”（guiding questions）提示，并结合已学的知识对所听的内容进行预测（predict）。

（6）句子段落理解；教师放录音或口述句子、段落。学生一边听，一边看教师示范表演：各句意思以指出或举起相应的图画或做相应的动作来表示；教师用手势画出单词重音、语调符号和节奏，让学生模仿。

（7）短文理解：学生先听录音，然后根据短文的内容，进行形式多样的练习帮助听力理解，如听录音回答问题，听录音做听力理解选择题，听录音判断正误，听录音做书面完形填充练习，复述短文大意，做书面听力理解练习题等。

（8）课文听力训练；教新课文之前，先让学生合上书本，听两遍课文录音，或听教师朗读课文；讲课文时，教师一边口述课文，一边提出生词，利用图片、简笔画、幻灯或做动作向学生示意，帮助学生达到初步理解的目的；学生根据课文内容进行问答，如就课文中生词或词组提问、就课文逐句提问、就课文几句话或一段话提问等。

（9）技能学习：听力的有效进行是需要一定的技巧的，因此在大学英语学习过程中，学生应掌握几种常用的听力技巧。

其一，听前预测。在进行听力之前，进行一定的预测是很有必要的。在教学中，教师可以指导学生在正式听听力材料之前，先浏览一下听力问题，据此预测听力测试的范围，如地点、时间、人名等，这样可使听力更具针对性。

其二，抓听要点。在听的过程中，要学会抓听要点。也就是抓听交际双方言语活动中的主要内容、主要问题、主题句和关键字等，对于一些无关紧要的内容则可以不用重点去听。

其三，猜测词义。听力过程中不可能听明白每一个词，而且有时难免会遇到陌生的单词，此时如果停下来思考这个词的意思，就会影响对整个听力材料的理解。这时可以继续听，通过上下文来猜测词义，这样既不会中断思路，也能流畅地理解听力材料内容。

其四，边听边记。听力具有速度快和不可逆转性的特点，听者在有限的时间内不可能听懂和记住所有的内容，此时就需要借助笔记来辅助听力活动，也就是边听边记录。听力笔记不需要十分工整，主要听者自己能看明白即可。

3. 听力训练的要求

（1）熟练掌握英语课堂用语，尽可能用英语组织教学。

（2）充分利用音像手段（如录音机）和软件资料进行大量的听力训练。

（3）遵循循序渐进的原则，听力训练时听音材料难度应该由浅入深，生词量小，语速由慢到快，长度由短到长。

（4）尽量将听与说、读、写等活动结合起来进行训练。

（5）结合语音、语调的训练，特别是朗读技巧（单词重音、句子重音，连读、辅音连缀，停顿和语调）来训练听力。

（6）听前让学生明确目的和任务。

（7）把培养听力技巧（辨音、抓关键词、听大意、听音做笔记等）作为教学的主要目标。

（8）布置适量课外听力训练。

二、英语听力技能教学的原则

（一）激发兴趣原则

听力能力的提高需要一个过程，不能一蹴而就，而且需要不断的练习和努力，很多学生由于自己听力能力不佳，加上进步缓慢，因此对听力学习缺乏兴趣。可见，兴趣对于英语听力学习至关重要，对此教师在开展大学英语听力教学时要有意识地激发学生的兴趣，也就是遵循激发兴趣原则。具体而言，教师在进行听力教学之前，首先应该对学生的兴趣点有清楚的把握，然后依据他们的兴趣点来采用合理的教学方法，激发他们的兴趣和积极性，从而不断提升学生的听力水平。

（二）情境性原则

听力是交际的重要方式，学生只有在自然、真实的环境中，才能与环境产生相应的互动，获得真实的语言体验。很多教师往往都有这样的感受，即教师竭尽全力鼓励学生参与课堂活动，但学生依然对听力学习缺乏兴趣，听力课堂死气沉沉。

事实上，如果教学氛围良好，师生才能够实现良好的互动，教师发挥自身的主导作用，学生发挥自身的主体作用，在民主和活跃的氛围中，更好地提升自身的听力水平。

（三）气氛活跃原则

在大学英语听力教学中，教师必须意识到情感因素的重要性，情感是学生智力与非智力发展的原动力，学生只有具备了一定的情感体验，才会有相应的智力及非智力活动，也才能对所学知识产生感情，从而在学习中获得事半功倍的效果。在听力教学中，教师也要充分重视情感因素，在教学各个环节都要充分考虑学生的情感因素，有效降低情感过滤作用，使学生积极参与课堂上的各种活动，从而达到获得信息、吸收语言的目的。

（四）强化文化背景知识原则

语言与文化密切相关，很多英语词汇、短语、句子等都蕴含着丰富的文化信息，如果不了解语言背后的文化信息，将很难理解其内在含义，更无法有效进行交流。可以说，很多听力材料背后都蕴含一定的文化知识，学生如果没有掌握必要的文化背景知识，即使听懂了个别甚至全部语句，也不一定能完全理解材料所隐含的深层文化含义，进而影响对材料的准确理解。因此，在大学英语听力教学中，教师必须重视强化学生的英美文化背景知识，提高学生对文化知识的敏感度。教师可以通过组织一些活动，如播放优秀的英美影片，引导学生阅读一些文学名著、组织具有鲜明特色的文化交流活动等，来培养学生的文化素养，进而提高学生的写作能力。

三、高校英语听力技能教学中混合式教学的实施

（一）充分利用 TED 资源

TED（technology，entertainment，design）是美国的一家机构，宗旨在于用思想对世界加以改变。TED 演讲的领域从最开始的娱乐领域，技术领域等逐渐向各行各业拓展。每年的 3 月份，TED 大会在美国召开，其中参加的人物涉及商业、科学、文学、教育等多个层面，将他们对这些领域的意见和建议进行分享和探讨。TED 官网的思想性、可及性等为混合式教学提供了具体的借鉴。

第一，为英语听力技能混合式教学提供了大量真实的语料，这与传统的音频存在较大差异。传统教学中学生上课接触的语料大多为本族语为母语的优秀英语人才录制而成的，虽然也是保证了语音的纯正性，但是改变了交际的真实性。

第二，如前所述，演讲的主题涉及各个领域，这与语言学习是一部百科全书的观点有着相似性，因此就有助于用于英语听力混合式教学。

第三，演讲者都是各个领域的一些杰出人物，传达的思想具有前沿性，这有助于提升英语学生的思辨能力。

第四，TED 官网上发布的视频多控制在 15 分钟之内，是较短的视频，最长的也不超过 20 分钟，这与当前的慕课、微课教学模式相符，也符合英语听力技能的混合式教学。

第五，演讲者是从各地来的，各种真实的情境可以让学生感受到手势、眼神、语速、重音等的运用。

第六，TED 官网的视频虽然没有字幕提示，但是在下面会设置独立的互动文稿，并将演讲者的话语显示出来。这便于学生对听的方式进行选择，可以是纯视频的形式，也可以是视频+字幕的形式，或者是先观看视频，之后看字幕。

第七，TED 官网的可及性可以让学生选择听的时间、听的内容等，学生制定符合自己学习的目标，对内容加以选择，对进度加以控制，实行自控式学习。

TED 视频最大的特点在于提供给学生真实的情境，通过这种真实的听，保证了语言形式、思维以及科技的融合。

（二）加入多样化教学工具

1. 英语歌曲欣赏

在学习的闲暇时间，学生可以欣赏一些英语歌曲，这样可以使自己身心放松，营造自身英语学习的氛围。另外，英语歌曲还可以帮助学生学习其中的一些表达方式，尤其是一些发音的技巧等，能有效激发他们学习的积极性。

教师可以引导学生多听一些具有当地文化特色的英语歌曲，也可以选择一些有意义的歌曲，然后教师让学生了解歌词的内容，再通过听写、填空等方式为学生出题，让学生真正地听懂。

2. 影视作品欣赏

英语电影能够营造真实、生动的听力环境，而且能够帮助学生更好地了解西方文化，从中体会中西方文化差异，进而提高跨文化交际能力。因此，将英语电影运用于大学英语听力教学，可有效激发学生的学习兴趣，提高教学的效率和学生的听力水平。具体而言，可采用以下几个步骤开展教学：

（1）观赏影片前

在观赏影片之前，教师和学生需要做一些准备工作。这些准备工作是指，在选定影片之后，教师要为学生布置好与电影主题相关的作业，鼓励学生在课下通过网络搜集一些与电影背景相关的信息，通过此方式加深学生对影片的了解。在观看前，教师要对影片的相关内容进行介绍，并提出相关的拓展学生思维的问题，如影片中有哪些俚语以及主角爱好等，这样能够引导学生带着问题和好奇心去观看影片。在准备工作完成之后，学生在了解影片的基础上，边观看影片边解决问题，以期达到更好的学习效果。

（2）观赏影片中

在观看影片的过程中，教师可选择和运用影片中某个经典片段的放映来指导学生进行精听。精听要求学生听清每一个词、短语和句子，清楚每一个情节。通过精听，教师可以更好地引导学生学习影片中的语言。在精听的同时，教师还可以采取泛听的方法，让学生了解影片的故事梗概。此外，在播放影片的过程中，教师可以根据学生的英语水平和影片中的相关内容适时暂停影片，提醒学生影片中的一些关键对话，辅助讲解一些俗语、委婉语、禁忌语等，同时分析其中所涉及的中西方文化差异，帮助学生掌握语言精华，培养跨文化意识。

（3）观赏影片后

在影片结束之后，教师可以有针对性地进行扩展活动，即选择影片中的经典情节，组织学生进行角色扮演，从而巩固学生的听力水平，锻炼学生的表达能力，提高学生发音的准确性，培养学生的语感，同时树立学生的信心，促使学生合作学习。另外，教师可以鼓励学生谈论影片的主题及意义，引导学生撰写影评，这样可以巩固学生通过影片所学的词汇、语法等知识的运用，进而提高学生的写作水平。

总体来说，英语电影语言丰富，情节生动，深受学生的喜爱，将其运用于大学英语听力教学，将能够为学生营造一个真实的语言环境，锻炼学生的听力能力。但需要注意的是，采用电影辅助法开展大学英语听力教学，在选材上要多加留意，要选择那些语音纯正、用词规范、内容健康的经典影片，这样才能让学生学到地道的英语表达，提高学生的听力水平。

3. 英语竞赛视频

在平台上，还会有一些竞赛演讲的视频，学生可以通过这些视频感受其中的语音语调，感受优秀演讲者是如何进行演讲和应变的，这样学生不仅可以提高自身的听力，还会掌握一些演讲的技巧。多听一些竞赛的视频，从不同的角度来看待问题，这样可以不断提升学生的听力理解能力。

4. 访谈视频

一些名人的视频对于学生的听力学习也是非常有利的，学生本身会被一些名人、明星吸引，然后通过观看他们的视频，会带着好奇心去听、去看，这样对于提升他们的听力水平是非常有利的。

当然，一般访谈的内容包含多个层面，或者是为了沟通情感，或者是为了讲述生活中的一些有意义的事情，或者是介绍自己的一些经历等，这些都容易引起学生的共鸣，同时还能够从他们的表情、语速中，学到一些听力技巧以及如何处理一些紧急的事情等。

（三）建立多元化考核机制

在评价体系上，高校英语听力混合式教学要求以学生的专业能力、综合素养等作为教学目标，提倡学生展开自主学习与写作学习，这就要求在评价中必须打破传统的评价方式，即仅采用终结性评价，以教师考核为主。英语听力混合式教学要求采用多元评价考核机制，即教师考评、学生自评、同学互评等相结合，实行终结性评价与形成评价相融合，使学生从被评对象变成主人，而教师从单一的评价者变成评价的组织者。

（四）合理设计听力翻转课堂

在课程开始之前，教师需要布置好音频与视频材料，学生自行听这些材料。在课堂开始后，教师主要负责引导，他们不再对材料进行详细的讲解，然后给学生对答案，而是将更多的时间用于为学生讲解听力难点上，然后为学生介绍相关的背景知识。课堂形式的展开方式也可以有很多种，可以是表演形式，也可以是讨论形式等。

教师除了应用教材外，还可以自己录制或者应用他人录制好的音频或者视频，在录制时，设置相应的生词、短语以及句型，并添加一些背景知识，这些对于教师来说不仅可以节省时间，还可以提升学生的学习质量和效率。

教学总是围绕书本内容展开的，学生接触的英语材料是非常有限的，如果他们的语言输入不足，那么必然会对他们的语言输出产生影响，这样长期下去，学生对英语学习就失去了兴趣和积极性。另外，随着网络的发展，网络上有着丰富的教学资源，这些资源对于学生的英语学习也是非常有利的。听力与英语其他科目不同，其学习需要学生进行大量的练习，因此教师可以通过网络平台，为学生搜集相关的音频或者视频资料，让他们展开练习。

教师可以对这些网络资源进行整合，为他们的翻转课堂所用。例如，课堂教师可以从TED网站上选择一些音频或者视频，将视频与任务为学生布置下去，让学生有充足的时间进行观看。还可以从学生的不同程度出发，将学习任务分开，如果学生的水平是初级的水平，那么要求他们听懂大意即可；如果学生的水平是较高水平，可以让学生自己去查找一些相关背景，让他们弄懂正片文章，这样在课堂上他们可以相互讨论，使学生成为学习的主体。

第二节　混合式学习与高校英语口语教学

一、英语口语简述及技巧

（一）英语口语简述

口语作为一种日常交流与沟通的重要工具，在英语教学领域是非常重要的。口语这一技能并不单纯具体，其与其他技能往往具有交叉、重叠的关系。在英语教学过程中，口语教学很难与其他技能区分开来展开。简言之，英语教师在进行口语教学的过程中，往往也会涉及其他教学技能的掌握。

1. 口语的内涵

对于学习英语口语的学生而言，他们想要使用英语进行口语表达，首先就需要掌握一些英语的基础知识，如英语的节奏感、语音、语调、元音、辅音等，同时还需要掌握一些会话的技巧，如在交际过程中如何有礼貌地打断他人，如何有礼貌地回复他人等。可见，英语口语能力的提升并不是一件容易的事情，学生除了要掌握发音，还要掌握这门语言的功能。个体想要掌握一门语言，不仅要学会发音，而且还需要把握这门语言的其他方面的知识内容，如这门语言背后的社会习俗、文化背景、交际方式、社会礼仪等。可见，语言交际看似简单，其实相对复杂，是上述所有内容的一种综合体现。

2. 口语能力

人们对口语能力这一概念的理解往往不同，不同的理解通常会带来不同的教学效果。英语作为一门语言，是随着社会的发展而发展的，其学习理念同样也会逐渐变化。在以前，人们认为英语教学的理念就是发展学生的语言能力，让学生掌握基本的语音、词汇、语法、句法，学生只要对这些知识有了充分的掌握，就会自觉学会运用，流利地使用这门语言进行沟通与交流。然而，现实情况往往与人们想当然的局面大相径庭，而这种理念引导下的教学结果的弊端也越来越大。

20 世纪七八十年代，西方国家涌现出大量的移民，在美国、新西兰、加拿大等国家都是如此，在这种现实的影响下，语言学领域的研究者以及作为一线工作者的教师对语言学习的传统模式有了不同的看法，他们的理念开始发生转变。这些人认为，学生只掌握语言的语音、词汇、语法等知识并不能真正地学会英语，更不意味着可以流利地开口讲英语，甚至不能利用自己所学的这门语言在社会上谋生。

之后，一些学者将语言能力视作交际能力的一部分。有些学者认为，交际能力是学生与他人利用语言展开信息互动，进而产生交流。这种能力与掌握词汇知识、语法知识的能力不同。但是，学生要想获得这一能力，就必须了解周围的环境。

社会语言能力往往指的是使用语言的人在不同的场合与环境中运用语言的能力，这一能力涉及的层面如下所示：

（1）语域，即正式语言或非正式语言的使用。

（2）用词是否恰当。

（3）语体变换与礼貌策略等。

例如，场合不同，个体就应该使用不同的用语，从而确保自己的话语合乎语法规则以及所在环境，表述过程中发音要清晰，如 walking 在一些正式场合就需要发音完整，而不能发成 walkin；另外，在表述时用词也要相对正式，应该用 father 这一单词的时候就不可使用 dad 来替代，应该用 child 的时候就尽量不要使用 kid。

语体变换指的是交际者根据不同的交际场合来变换语体，使用不同的语言形式。

策略能力指的是交际者在表述过程中巧妙利用一些语言策略来弥补自己语言表述能力方面的不足。例如，当你用英语表达时，如果遇到不知道使用什么词来表达的情况下，会使用什么样的方法来传达自己的意思呢？例如，你在宾馆给前台服务员打电话，想告诉她你需要使用吹风机来吹干头发，但是你不知道“吹风机”这一单词，那么你可能会使用以下表述来传达自己的意思。

例 1：

lt is，uh，the thing that make the hair hot. You know，when you clean the hair and then after that thing that make the hair hot when the hair has water. It' s，um，it use electric to make the hair hot. Is not in the room and I want to use it.

例 2：

So，uh，now，my hair is wet. And l must go to the party. So now，I need that machine，that little machine. What is the name？How do you call it in English？

例 3：

We say in Spanish secadora the dryer，but is for the hair. The dryer of the hair. Do you have a dryer of the hair？I need one please.

例 4：

（Imagine that this guest is at the hotel´s front desk talking directly to the clerk.）

Yes，uhm，please，I need，you know the thing，I do this （ges tures brushing her hair and blow-drying it） after I wash my hair. Do you have this thing?

分析上述四个例子可以发现，传达“吹风机”这一含义的方式是各不相同的，但最终都达到了自己的交际目的。可见，虽然说话者有时候自身的词汇量可能不足，不知道有些话语如何来表达，但这并不会严重影响交际双方的交往，他们可以采用别的方式来传达自己的信息，同样可以实现自己的交际目的。换言之，交际双方如果可以恰当使用一些交际策略，就可以顺利实现交际，实现自己的想法。

所谓语篇能力，即交际者所说或者所写的句子的连接关系，其中涉及两个层面：一是衔接，二是连贯。前者指的是在一句话中，各成分之间的词汇或者语法关系。后者指的是在一则语篇中，句子、语段之间所具备的复杂意义。

连贯性不仅体现在整段话语的每个单词中，而且连贯性的强弱还与听者自身所具有的文化背景知识有着极大的关系。有的话语从字面上看虽然体现不出连贯性，然而表述的隐含意义却是连贯的。

以上梳理的便是口语能力的主要要素。社会语言能力要求人们可以根据不同的场合、对象，将自己的意思准确、清楚、得体、流利地传达出来，充分维护自身的人际关系。策略能力可以帮助人们将一些难以表达出来的内容利用其他方式传达出来，如肢体动作等，从而顺利实现交际。语篇能力则要求人们可以清楚、有效地传达自己的信息，从而帮助听者顺利理解其中的意义。

（二）口语策略与具体技巧

1. 利用课外活动练习口语

英语课程的课堂时间十分有限，学生仅仅依靠课堂上的学习时间往往很难满足自身学习任务的要求，所以教师应该引导学生自动利用身边一切可以利用的时间和环境来练习口语。在课外，学生学习的知识可以作为课堂教学内容的补充，如果教师能够利用丰富的第二课堂，即课外活动，那么学生自身的口语能力提升的速度也是显而易见的。例如，教师可以组织学生进行英语演讲、英语作文比赛、英语短剧表演等，让学生将自己的表演录成视频，在多媒体教室播放，学生通过观看视频来提出自己的建议与评价，这可以在短时间内提升学生的英语口语能力。此外，有条件的教师还可以邀请一些外籍教师为学生进行课外讲座，或者创办英语学习期刊，设立英语广播站等，让学生在丰富自己课余生活的同时也能体会到英语口语的乐趣，从而更加热爱英语口语学习。

2. 利用美剧学习口语

大学校园中，美剧十分流行，深受学生的喜爱。实际上，美剧并不仅是一种消遣方式，还是帮助学生认识西方文化、提高口语表达能力和交际能力的重要途径。对此，教师可以通过美剧来开展口语教学，以改善口语教学环境，激发学生的学习兴趣，锻炼学生的口语表达能力。

（1）选择合适的美剧

美剧通常语言地道、故事情节生动富有吸引力，是一种有利于激发学生兴趣的学习资料。美剧类型丰富，题材各异，不同类型的美剧对学生的口语能力所发挥的作用也不相同，因此在运用美剧开展口语教学时，教师要对美剧进行筛选，选择有利于发展学生口语水平的美剧。此外，教师还要提醒学生不要只沉浸在对美剧的欣赏中而忽视对美剧中语言知识和文化背景的学习，鼓励学生带着学习动机来观赏美剧。

（2）开展层次性的反复训练

在运用美剧进行口语教学时，教师应遵循循序渐进原则，开展反复性的练习，逐步提升学生的口语能力。例如，在首次观看的时候，教师要引导学生将精力放在剧情上；在第二次观看时，教师可以引导学生对剧中的表达和语法等进行推敲；第三次观看时，教师可引导学生重点对人物说话的语气以及台词所隐含的内容进行挖掘和分析。分层逐步开展，可以有效加深理解和记忆，对提高学生的口语能力十分有利。

（3）关闭字幕自主理解

在看美剧时，很多学生习惯看字幕，脱离字幕将无法正常观看影片，实际上这样观看美剧对提高口语表达能力不利。在观看美剧时，学生应对台词形成自己的理解，在不偏离剧情中心思想的情况下抛开字幕自主理解，可以有效锻炼英语交际思维。

（4）勇于开口模仿

学生要想通过美剧切实提高口语交际能力，就要在听懂台词、了解剧情的基础上开口说，即对剧中人物的台词进行模仿。只有不断地开口练习，才能培养英语语感，增加知识储备，进而提高口语交际能力。总体而言，采用美剧来辅助英语口语教学能有效提升学生的听说能力，还能提升学生的写作能力，进而培养学生的跨文化交际能力。

3. 利用课堂活动练习口语

口语学习的目的是进行实际，所以学生只有在真实的情境中开口说英语，才能使自己的口语能力得到锻炼。对此，教师可以采用情境教学法开展口语教学，即创设真实的情境，让学生在真实的环境下学习口语。具体而言，教师可以通过角色表演和配音两种活动来创设情境，锻炼学生的口语能力。

（1）角色表演

教师可以根据教学内容让学生进行角色扮演，将主动权交给学生，让学生自主分工，自行排练，然后进行表演。这种方式深受学生喜爱，不仅能缓解机械、沉闷的教学环境，还能激发学生说的兴趣，让学生在真实的社会场景中进行社交活动，锻炼口语能力。当学生表演结束后，教师不要急于评价学生，应先给学生一些建议，然后再进行点评和总结。

（2）配音

配音是一种有效锻炼学生口语能力的方式，教师可以充分利用配音活动来提高学生的口语水平。具体而言，教师可以选取一部英文电影的片段，先让学生听一遍原声对白，同时向学生讲解其中的一些难点，然后让学生再听两遍并记住台词，最后将电影调至无声，让学生进行配音。这种方式可有效激发学生开口说的积极性，而且能让学生欣赏影片的同时锻炼口语能力。

二、英语口语技能教学的原则

在英语口语教学中，教师应遵循科学的教学原则，以有效提高学生的口语水平，提升教学的效率。具体而言，可遵循以下几项原则：

（一）先听后说原则

在英语语言技能中，听和说是相辅相成的，听是说的基础。俗话说“耳熟能详”，只有认真听、反复听、坚持听，才能最终说出一口流利的英语。因此，英语口语教学应当坚持先听后说原则，即教师首先应注意加强学生听的能力，其次才是说的能力。只有坚持先听后说原则，才能帮助学生掌握正确的发音，为训练口语能力打下良好基础。

（二）循序渐进原则

口语能力的提升需要一个很长的过程，不可能一蹴而就，因此在英语口语教学中，教师应遵循循序渐进原则，即由易到难、由理论到实践，层层深入，逐步提升学生的口语能力。我国的大学生来自全国各地，不仅英语水平参差不齐，发音也会受方言的影响，因此教师在口语教学的过程中首先应该解决学生语音、发音层面上的问题与困难，纠正他们的错误发音，让学生根据从简单到复杂的程序，从语音、语调、句子、语段等逐步进行锻炼。另外，教师在安排与设计教学步骤时也要遵循科学原则，充分把握难易程度。如果教学目标定得太高，学生学习起来会有压力；如果目标定得太低，学生学习起来会缺乏挑战性和乐趣，因此教学目标设计要适度，要符合学生的实际水平。

（三）内外兼顾原则

所谓内外兼顾原则，是指考虑问题时要顾及内、外两个方面。在这一原则的指导下，教师在英语口语教学的过程中不仅要重视课堂教学，而且还需要引导学生合理利用课外活动来练习口语。事实上，学生的口语学习应该以课堂教学为主，并且将课外活动中的口语学习作为课堂学习的一种补充，二者相互促进、相互配合。在课堂教学练习的基础上，学生开展相应的课外活动，可以将课堂上所学习的知识在课外活动中进行充分实践，从而达到复习、巩固知识的目的。此外，学生在课外活动中还可以运用课堂上所学习的理论知识，将知识内容转化为技能。与课堂活动相比较而言，课外活动的氛围比较轻松，学生的心情也会十分愉悦，在这种放松的心情下来练习口语将会取得令人意想不到的效果。在课程结束之后，教师为学生安排作业与练习之前，可以将学生分组，让学生以小组为单位来完成作业，通过相互讨论小组任务，可以帮助学生提升自身的口语能力，同时也可适度加强学生的团结协作能力。

（四）互动原则

口语训练本身非常枯燥，长期的枯燥训练会让学生失去学习的兴趣和积极性。因此，在口语教学中，教师要坚持互动原则，不能不管不顾学生的学习进度与情况。在口语训练时，教师应该努力使其具有互动性，这种互动性能有效提升学生的学习兴趣。

另外，为了保证互动性，教师应该为学生设计一些互动性的话题，让学生能够展开互动训练。

三、高校英语口语技能教学中混合式教学的实施

（一）教学理念和教学目标

在高校英语口语教学中，应该坚持以学生为中心，课堂内应该将学生的主体作用发挥出来，教师充当主导的角色，这样才能真正地提升教学的效果。基于这样的理念，高校英

语口语教学应该对学生的自信心、准确性等进行培养，发挥英语作为工具性的作用。开学初期，教师应该对不同阶段学生的口语评价标准有清晰的了解，学生首先对自己的英语口语水平有所了解，教师进而展开诊断性评断，引导学生对口语学习目标等进行制定，这样提升英语口语教与学的水平。

（二）课前线上翻转预习

高校英语口语教学是建立在英语综合教程基础上的。在课前，预习主要是线上的预习。教师在设置预习任务的时候，应该从单元课文主题设计出发，采用多种形式，如问题讨论形式朗读形式、角色扮演形式等，便于学生展开移动学习，为课堂的展开做铺垫。

同时，学生应该采用网络技术，对相关英文文章、视频等进行搜索，对课堂口语学习任务进行准备。通过线上学习，学生展开英语语言的输入与输出，为课堂展开做铺垫，还能在一定程度上增强学生口语表达的自信心。这种模式将传统的讲授式教学进行颠覆，实现了从教到学的转变，也调动了学生学习的积极性。

（三）课中线下交流+信息技术

在课堂上，教师检查学生口语任务的完成情况，教师的角色也发生了转变，从操控者逐渐向指导者转变。在课堂上，口语活动除了面对面交流，还可以通过 QQ 语音来参与，这样可以使学生都参与其中，增强学生参与课堂的程度。

教师对学生的口语情况进行反馈分析学生的口语流利情况、语音情况、词汇是否多样、语法是否准确等，帮助学生对口语进行诊断，进而让学生更有效地进行学习。在课堂中，教师可以利用慕课资源，对学生的口语教学进行辅助，实现课堂与网络之间的融合，提升高校英语口语教学的效果。

高校英语口语课堂教学是建立在其他技能教学基础上的。因此，学生在听的基础上展开讨论与复述，这其实是在促进说。在阅读中，教师从文章内容中提出一些具有挑战性的问题，让学生发散思维，提升综合能力。对于每一单元的课文，学生可以进行朗读，这样可以纠正学生的发音。当然，口语活动结束之后，教师可以要求学生练习相关写作，这样可以使口语与写作相融合，提升学生的综合语言能力。

（四）课后线上+线下拓展学习

在课堂结束之后，学生可以运用网络技术展开线上与线下的学习。采用校园的听说系统，利用网络技术进行重复训练，对自己的学习效果加以巩固，提升自身的准确度与流利性。从课堂教学出发，为学生布置新的交互活动，如讨论、角色扮演等，学生在线下进行准备，然后通过手机录像上传，教师可以选取其中一些在下一节课进行展示。

学生利用教师推荐的网站与链接，在课堂结束后展开自主学习，如果学习中遇到问题，教师可以通过微信直播等形式为学生解惑，这些任务可以让学生的口语学习转到课外。在课堂结束之后，鼓励学生参与第二课堂或者一些朗诵比赛、话剧活动等，这也是线下学习的方式，从而不断提升学生的口语交际能力。

第三节 混合式学习与高校英语阅读教学

一、英语阅读简述

（一）阅读的内涵

1. *阅读活动*

阅读这一活动在人类社会中非常重要，其随着文字的产生而不断发展。正是因为文字，人们才能将声音信息转向视觉信息，并对其进行保存。在现代社会中，不仅学习者的学习离不开阅读活动，社会生活的各个方面也都离不开阅读活动。阅读活动的性质可从以下几方面理解：

（1）阅读是以书面材料为中介的特殊的交际过程。它是作为一种特殊的交际方式而存在的社会现象，“作者—文本—读者”三极是构成这个过程的三个基本要素。在这个过程中，读者不仅要透过文本去发现、理解作者要表现的世界，而且要通过与作者在情感、理智上的对话与交流，实现意义的生成及主体自我的创造与重构。

（2）阅读是读者从书面语言符号中获取意义的认知过程。通过阅读，读者可以把外部的语言信息转化为内部的语言信息，将文本所蕴含的思想转变为自己的思想，从而不断地丰富和完善自己的认知结构。

（3）阅读是人类社会的一种言语实践行为。它是主体感受、理解文本、建构与创造意义的过程。

（4）阅读是一种复杂的心智活动过程。在阅读活动中，读者先要运用视觉感知文字符号，然后通过分析、综合、概括、判断、推理等思维活动对感知的材料进行加工，把经过理解、鉴别、重构的内容融入原有的认知结构之中，而且这种思维活动要贯穿阅读过程的始终，必须凭借全部的心智活动及特定的智力技能才能完成。

2. 阅读理解

在语言学习过程中，阅读能力一直都发挥着重要的作用，因此很多国家都十分重视阅读。例如，美国做过“美国阅读动员报告”，英国启动了“阅读是基础”运动，两国还投入了大量人力和财力来推动国民阅读能力的培养。在中国教育教学中，阅读能力也深受重视。关于阅读的定义，不同的学者发表了不同的看法。纳托尔（Christine Nuttall）对阅读的理解总结为以下三组词：

（1）解码，破译，识别。

（2）发声，说话，读。

（3）理解，反应，意义。

“解码，破译，识别”这组词重点关注阅读理解的第一步，也是十分关键的一步，读者能否迅速识别词汇，对于读者而言有着重要的意义。“发声，说话，读”是对“朗读”这种基本阅读技能的诠释，这属于阅读的初级阶段。朗读是将书面语言有声化，在各种感官的共同作用下加快对阅读内容的理解，这有助于语感的培养。通常，随着阶段的提升，读的要求会从有声变为无声。“理解，反应，意义”强调阅读过程中意义的理解与交流。在这一过程中，读者不再是被动接受阅读材料中的信息，而是带着一定的目的，积极地运用阅读技巧去理解阅读材料的主要信息。

读者和阅读文本是构成阅读的两个物质实体，而真正的阅读是二者之间的互动。

阅读是一项复杂的认知活动，是读者提取文本中的信息并与大脑中已有的知识结合，从而建构意义的过程。读者理解阅读文本的过程中主要涉及三种信息加工活动，分别是对句子层面、段落或命题层面、整体语篇结构的分析活动。由上述定义可以看出，很多学者都认为阅读涉及读者和阅读文本，并且认为阅读是这二者之间的交流互动。简单而言，阅读就是读者积极运用已经掌握的语言知识和背景知识等对语言材料进行处理，同时获取信息的过程。

3. 阅读模式

关于阅读的模式，不同的学者有着不同的理解，基于对阅读不同的理解，人们提出了以下四种阅读模式：

（1）图式驱动模式

图式驱动模式，该模式认为阅读是一种心理猜测过程，整个过程都在围绕猜测进行。与文本驱动模式的区别是，该模式认为阅读过程涉及两个方面，即文本和读者。在文本阅读过程中，读者运用已有的话题知识、语篇知识、文化知识等来理解正在阅读的材料和猜测接下来将要阅读的材料。

（2）交互阅读模式

交互阅读模式，该模式认为阅读是一种交互过程，这种交互包含两个方面：一方面是读者与文本的交互，另一方面是文本驱动与图式驱动的交互。该模式既注重语言基础知识，也注重背景知识在阅读中的作用。并且认为，只有将解码技能与图式相互作用，才能完成文本的理解。该模式要求教师在阅读教学中既要重视基础语言知识的传授，又要引导学习者激发脑海中的已有图式，从而促进学习者建构与新知识的联系，提高阅读效率。

（二）阅读策略与具体技巧

1. 阅读策略

（1）引导

引导过程的基本任务是确定学习目标，唤起学习者学习动机。一般包括以下教学内容：预习、解题、介绍有关资料、导入新课。阅读实践中，可以全部运用，也可以只运用其中的若干项。

①预习

预习是学习者学习的准备阶段。学习者可以在课前预习，也可以在课堂上进行预习。

②解题

课文标题相当于文章的“眼睛”，透过课题可以了解文章的内涵和特点，所以，学习者可找到理解课文的纹理脉络。课文标题与文章内容的关系，或者是课文标题直接揭示主题，或者课文标题指示选材范围或对象，或者课文标题直接指示事件，或者课文标题隐含深刻寓意等。

③介绍有关资料

介绍有关资料是帮助学习者深入学习和理解课文的基础，包括介绍作者生平、写作缘起、时代背景和社会影响等内容。介绍有关资料也应据课文特点和学习者学情具体而定，可以几个方面的内容都做介绍，也可以有选择地进行介绍。

（2）研读

研读过程是阅读的核心环节，主要是对课文的内容和形式做深入的研读和探讨。根据阅读活动的特点，研读过程一般分为三个阶段：感知阶段、分析阶段、综合阶段。感知阶段是对课文的整体认识，分析阶段是深入课文的具体认识，综合阶段是课文的整体理解和把握。

①感知阶段

感知阶段一般包括以下几方面的内容：认识生字新词、课文通读、感知内容、质疑问难。

②分析阶段

分析阶段是对课文内容和形式进行深入细致的具体分析研讨，主要包括文章结构分析、内容要素分析、写作技巧分析、语言特点分析、重难点分析。

③综合阶段

综合阶段是在分析阶段的基础上进行的，是由局部到整体的概括过程，由现象到本质的抽象过程。综合阶段的教学任务一般包括概括中心思想、总结写作特点等。

（3）运用

运用过程的基本任务就是学习者把分析综合阶段中学得的知识应用于实践，转化为英语能力。转化的途径就是集中训练，一般采用听、说、读、写等多种方法进行，这是阅读的关键。

阅读过程中有多边矛盾，而核心的矛盾是学习者认识学习课文的矛盾，其他矛盾都从属并服从于这一矛盾。因此，学习者应有效地认识、学习课文。

2. 阅读技巧

从横向上看，阅读的方式有朗读、默读；精读、略读、速读，相应的就有阅读的技巧。

（1）朗读

朗读就是出声地读，是通过读出词语和句子的声音把诉诸视觉的文字语言转化为诉诸听觉的有声语言。朗读有助于增强对语言的感受能力，从而加深对文章思想感情的体味理解；可以促进记忆，积累语言材料；有助于形成语感，提高口头和书面的表达能力等朗读训练的基本要求。朗读训练的方式主要有：范读、领读、仿读、接替读、轮读、提问接读齐读、小组读、个别读、散读、分角色读等。对读物可采取全篇读、分段读、重点读等。

（2）默读

默读是指不出声的阅读，它通过视觉接受文字符号后，直接反射给大脑，可以立即进行译码、理解，因此，默读又称“直接阅读”。一般说的阅读能力，实际多指默读能力，因为它在实际学习和生活中运用得最多。

默读训练的要求：感知文字符号要正确，注意字音、字形、词语搭配句子的排列；要讲究一定的速度，要学会抓重点；在阅读中学会思考，根据文章的内容，向自己提出问题，解决问题。

根据默读训练的要求，默读训练可着重从下面三方面进行。

第一，视觉功能的训练。主要是扩大视觉幅度的训练，增加一次辨认的字的数量，同时提高视觉接受文字符号的速度，减少眼停次数和回视次数。

第二，默读理解的训练。主要是要教会学习者如何调动想象、联想、思维和记忆的作用，以提高理解读物的内容深度和速度。

第三，默读习惯的训练。主要是帮助学习者克服不良习惯，如出声读、唇读、喉读、指读、回读等；使学习者养成良好的阅读习惯，如认真、专注，边读边思，边读边记等，良好的阅读习惯，能够提高阅读效率。

（3）精读

精读是逐字逐句深入钻研、咬文嚼字的一种阅读。

精读训练的基本要求：对读物从整体到部分，从部分到整体，从形式到内容，从内容到形式的反复思考深入理解；对于阅读材料中的关键词语或句子，要仔细推敲琢磨，不仅要理解其表层的意义，而且要深入领会其言外之意、画外之象；养成边阅读边思考、边阅读边做笔记的习惯，因为只有真正独立思考的主动的阅读活动，才是有效的阅读活动。

为了提高精读训练的有效性，教师在精读训练过程中要提示精读的步骤和方法，给予适当的引导，使学习者逐步练习，直到完全掌握精读技能、形成熟练的技巧与习惯。

精读训练可以有不同的步骤，各有侧重。具有代表性的精读步骤有以下几种：

三步阅读法：认读→理解→鉴赏。

五步阅读法：纵览→发问→阅读→记忆→复习。

六步自读法：认读→辨体→审题→问答→质疑→评析。

在实施阅读训练的过程中，无论哪一个步骤或环节都需要运用良好的、合适的阅读方法才能保证精读的顺利完成。实际上，精读没有固定不变的步骤和方法，每个教师都可以根据自己的经验和学习者的情况提出训练方案，同时鼓励学习者在实际阅读和训练中，总结出符合个人阅读情况的步骤和方法。

（4）略读

略读是指粗知文本大意的一种阅读，是一种相对于精读而言的阅读方式。略读对文章的阅读理解要求较低，略读的特点是“提纲挈领”。它的优势在于快速捕捉信息，在于发挥人的知觉思维的作用，一般与精读训练总是交叉进行的。

略读训练指导应注意；第一，加强注意力的培养，提高在大量的文字信息中捕捉必要信息的能力，纠正漫不经心的阅读习惯；第二，加强拓宽视觉范围、提高扫视速度的训练；第三，着重训练阅读后，用简练的语句迅速归纳材料的总体内容或概括中心意思的能力；第四，注意教给学习者如何利用书目优选阅读书籍，利用序目了解读物全貌，如何寻找和利用参考书解决疑问，以及略读中如何根据不同文体抓略读要点等。

（5）速读

速读是指在有限的时间里，迅速抓住阅读要点和中心，或按要求捕捉读物中某一内容的一种阅读方式。速读的基本要求；使用默读的方式；扩大视觉范围，目光以词语、句子或行、段为单位移动，改变逐字逐句视读的习惯；高度集中注意力进行阅读的习惯；每读一通都有明确的阅读目标的习惯；减少回读；从顺次阅读进入跳读。

速读方法的训练主要有：一是提问法，读前报出问题，限时阅读后，按问题检查效果；二是记要法，边读边记中心句，内容要点或主要人物和事件等，读后写出提要；三是跳读法，速读中迅速跳过已知的或次要的部分，迅速选取与阅读目的相符的内容，着重阅读未知的、主要的或有疑问的地方；四是猜读法，即根据上文猜测下文的意思，或根据下文猜上文的意思，能迅速猜测出意思的，就不必刻意去读。当然，速读训练应注意根据学习者的阅读基础和读物的难度来规定速度的要求。

二、英语阅读技能教学的原则

（一）激活背景知识原则

文化语境知识即所谓的背景知识，是读者在对某一语篇理解的过程中所具备的态度、价值观、对行为方式的期待、达到共同目标的方式等外部世界知识。在英语阅读教学中，背景知识是重要的组成部分，尤其是对母语为汉语的人来说，阅读那些源自汉语文化背景的著作要容易一些，但是阅读那些不同文化背景下的相关著作必然会遇到困境。要想对以英语文化为背景的语篇有着深刻的理解，必然需要具备相关的文化语境图式，这样才能实现语篇与学生文化背景图式的吻合。读者的背景知识会对学生的阅读理解产生影响。其中，背景知识包含学生在阅读语篇过程中所应该具备的全部经历，包括教育经历、生活经历、母语知识、语法知识等。如果教师通过设定目标、预测、讲解一些背景知识，学生的阅读能力就能够大幅度的提高。如果学生对所阅读的话题并不清楚，教师就需要建构语境来辅助学生的学习，从而启动整个阅读过程。

（二）重视一般词汇教学原则

对于英语阅读而言，词汇是必不可少的组成部分，也是顺利进行阅读的基础。作为一名英语教师，应该理解词汇在阅读理解中所扮演的角色。学生理解基础词汇，有助于他们在阅读上下文时猜测出一些低频词汇的含义。根据研究显示，那些经常阅读学术性文章的学生对术语应付的能力要明显强于应付一般词汇的能力。因此，学生如何积累一般的词汇是教师需要关注的问题。

在词汇积累教学中，单词网络图是比较好的方式。在英语阅读课堂上，教师可以给出一个核心概念词，然后让学生根据该词进行扩展，从而建构其他与之相关的词汇。需要指出的是，高频词教学在词汇积累中是非常重要的，其有必要渗透在英语听、说、读、写、译教学之中，并在细节层面给予高频词更多的关注，这样才能便于学生顺利完成阅读，并根据这些高频词顺利猜测陌生词的语义。

（三）把握阅读教学关键原则

受中国应试教育的影响，阅读教学与其他教学一样，教师将更多的关注点放在教学检测结果之上，而阅读理解中的理解却被忽视。实际上，成功完成阅读的关键就在于完善与监控阅读理解。为了能够让学生学会理解，可以从学生的自我检测入手，并鼓励他们同教师探讨具体的理解策略，这是元认知与认知过程的紧密结合。例如，教师不应该在学生阅读完一篇文章之后，提问学生关于理解的问题，而是应该为学生示范如何进行理解。全体学生一起阅读、一起探讨，这样便于每一位学生理解文章的内容。

（四）速度与流畅度结合原则

英语阅读教学存在一个严重的困难就是，虽然学生具备了阅读的能力，但是很难进行流畅的阅读。也就是说，当教师将更多的关注点放在学生阅读的准确性上，而忽视了学生阅读的流畅性。这就要求教师在阅读教学中应该找寻一个平衡点，不仅帮助学生提高阅读的速度，还要保证学生阅读的流畅性，这是阅读教学培养速度的最终目的。一般来说，学生阅读的过程不应该被词汇识别干扰，而是应该花费更多的时间研读内容及语言背后的文化。要想提升阅读的速度，一个好的办法就是反复进行阅读。学生通过反复的阅读，直到实现速度与理解的结合。

三、高校英语阅读技能教学中混合式教学的实施

（一）发挥网络互动优势，激发学生的学习兴趣

教师可以利用信息技术为学生的英语阅读创建一个平台，让学生充分参与其中，利用这一平台来扩展自己的阅读能力。利用信息技术，教师可以为学生准备阅读的丰富资料，实现阅读资源共享。在教学过程中，教师可以依据教材中的内容为学生建立一个网络阅读资料库，将教材中阅读的重点、难点都上传到网络上，同时为学生补充适当的课外知识，以拓展学生的阅读视野。此外，为了避免学生在阅读学习中出现乏味情绪，教师还可以在学生阅读的资料中添加一些图片、视频、漫画、音乐等，在材料的格式，设计上也可以体现自己的特点，让学生爱上英语阅读。

（二）科学合理地选择阅读材料

显然，学生阅读能力的提高离不开大量的练习，换言之，英语阅读属于一门技巧训练的课程，需要花费大量的时间进行阅读训练。因此，这就要求教师为学生准备科学的阅读材料。在信息技术的帮助下，教师可以为学生找到一些贴近课堂教学内容的阅读材料。在开始上课之前，教师可以为学生布置一些阅读要点，让学生自己上网搜索浏览，这可以在一定程度上培养大学生的查询以及获取信息的能力。随后，教师将自己所准备的阅读材料发给学生，让学生通过小组的形式阅读与交流，并分享心得。等到课堂结束的时候，教师可以安排学生对这次阅读活动进行总结，每一位学生都要写出总结报告，然后教师对学生的报告给予口头评价。

（三）课内外与线上、线下有效结合

在高校英语阅读教学中运用混合式教学，英语教师要将课内外教学与线上、线下教学相融合。首先，在课堂上，主要是教师引导学生对课文展开篇章阅读，使学生能够对阅读技巧与方法加以掌握；其次，在课外的阅读学习中，教师可以为学生布置一些任务，让学

生在课下完成，同时要求学生多阅读一些名著与报纸，让学生对文章主旨大意有所了解，从而培养学生的阅读习惯。

（四）科学地进行评估与分类指导

教师除了利用信息技术在课堂上授课之外，还可以利用信息技术对学生的学习成果进行评估。在设计一套合理教学评估方案之前，教师可以利用网络技术搜索与阅读相关的评价理论或内容，进而结合自身所教授的阅读材料中的生词、语法、词汇量、句法等知识来设计评估内容，如此获取的评估结果将可以充分了解学生的阅读水平。同时，教师还可以对学生的评估结果进行线上统计，对学生阅读的时间、阅读的效率也有充分的了解。

总体而言，高校英语阅读实行混合式教学，有助于提升学生的阅读能力与水平，通过教师的设计，让学生对阅读技巧与方法进行合理的把握，提升他们养成良好的阅读习惯。

第四节　混合式学习与高校英语写作教学

一、英语写作简述

（一）写作的内涵

写作在人们的日常生活中是非常常见的。写作涉及两大功能：一是写作者为了语言学习而进行写作，通过写作来巩固语言知识。二是为了写作而写作。写作不仅是视觉上书写，更是一个复杂的活动，是对信息进行加工的活动。

虽然解释不同，但是对写作的本质认识具有相似性，即写作是写作者用于传达思想与信息的过程，其中要求写作者具备多项技能，能够有效传达信息。

（二）写作策略与具体技巧

1. 自由写作

自由写作（free writing）就像是一个开启思维情感的闸门，是一种思维激发活动(brainstorming)。其主要目的是克服写作的心理压力，激发思维活动和探索主题内容。

（1）寻找写作范围

在进行自由写作时，首先要确定写作范围。将头脑中能想到的内容都写下来，这些内容看似无用，但仔细品读就会发现，这些杂乱甚至毫无联系的句子隐含着自己最为关心的情绪，只是隐藏在思想深处，无法注意到。确定一个代表着自己真情实感的写作范围，而且找到最为闪亮的句子或词语，为接下来的写作奠定基础。

（2）寻找写作的材料

在确定写作范围后，就要寻找写作素材。在特定的范围内开展自由写作，尽管这是有所约束的写作，但是还要放松地进行。在停笔之后，通读所写的文字，分门别类地整理这些写作的材料，提炼出文章的基本线索和层次结构。

（3）成文

在两次自由写作的基础上，构建真正属于自己的完整的文章。前两个阶段的自由写作实际把构思过程通过文字语言给外化了，是对构思过程的一种自由解放，在无束缚中发挥出写作主体的创造性和能动性。

2. 模仿写作

这一方法非常常用，即采用已有的形式，添加自己的思想展开写作。模仿是学习写作的基本途径，因而看重范文的作用。其结构主要包括仿写、改写、借鉴、博采四个依次递进的层次。

仿写就是按照范文的样子（包括内容）来“依样画葫芦”的训练。主要有仿写范文一点的点摹法和仿写全篇的全摹法两种形式。

改写是对范文的内容或形式进行某种改动，写出与原作基本一致而又有所不同的新作的训练方式，包括缩写、扩写、续写、变形式改写和变角度改写等几种形式。

借鉴是吸取范文的长处，为我所用，来写出有新意的文章的训练手段。具体方式有貌异心同、词同意不同和意同词不同等三种。

博采是博采百家之义，训练学习者从多篇文章中吸取营养，经过一番咀嚼、消化，然后集中地倾吐出来，写成自己的文章。这样，就已完成了从模仿到创造的过渡任务。

3. 单项作文

这就是我们通常所说的小作文，主要是针对学习者在写作过程中出现的具体环节进行局部或片段训练。比如，学习者的作文普遍存在命题随意或题目不新颖的问题，因此教师就可以进行“让作文题目亮起来”的专门针对题目的训练；比如，学习者的作文中只是叙述，缺少生动的描写和有深度的议论性语句，教师就可以进行表达方式的综合运用的训练。让学习者将叙述、描写、抒情、议论放在一起做综合训练，或者直接针对作文的立意、命题进行训练，对于提高学习者作文中的文采进行训练等。这种训练针对性强，一次作文解决一个问题，目的明确，篇幅短小，易操作，见效快。

4. 记叙文写作

记叙文是写人、叙事、状物的文章。记叙文包括通信、特写、游记、回忆录等。在课本中，记叙文所占的比重很大，作文选择记叙文的也很多，因此教师需要做好记叙文的写作教学设计。

一般来说，以叙事为主的记叙文以现实生活中发生的、真实的、有一定意义的具体事件作为叙写对象。从理论上讲，可以是社会生活的事件，也可以是日常生活的事件，还可以是自然界的事件。有人把记叙文的表现对象，局限于“社会生活的典型事件”是不太恰当的。诚然社会生活的典型事件有其优越性。首先是典型性，并因其典型性而有普泛意义，这样就赋予了“事件”的现实意义；其次是社会性，并因其社会性而受到人们的热切关注，这样就赋予了“事件”以社会价值。教师在设计记叙文写作教学时要体现教学大纲的要求，要把握记叙文的特点，要考虑到学习者的实际水平和接受能力。教学设计的形式应该是多样的，可以是常规型的，也可以是探索型的；可以简约，也可以详尽。总之，要有实用价值，要体现教学改革的精神。例如，教师让学习者以“今天中午”为题叙述自己的所见所闻，学习者在叙述的过程中可能会提到许多画面，教师就要引导他们将不同画面中的听觉、视觉、感觉表达出来，同时引导他们掌握叙述的节奏，如慢节奏的温馨早餐，快节奏的运动活动等。

5. 议论文写作

议论文写作要求作者通过摆事实、讲道理，直接表达自己的观点和主张。作者对客观事物进行分析、评论，以表明见解、主张、态度，通常由论点、论据、论证三部分构成。议论文写作教学虽然比不上记叙文写作的教学，但也是语言教学的一个组成部分。因此做好议论文写作教学设计十分必要。

一般来说，议论文写作教学设计首先要做好教师启发。学习者生活在一定的社会环境中，每天都要接触许多人，遇到许多事，听到许多议论，有令人满意的，也有不尽如人意或令人气愤的。同时，他们平时可能获得某些成功，也可能遇到某些困难或失败，这些都会使他们产生种种感受和看法，教师就需要学会启发他们思考。例如，用一些值得议论的典型事例或现象让他们思考，并将自己的思考用文字的形式表达出来，最后写成文章。

考虑到议论文中，学习者表达观点需要一定的论据支持，教师也要在教学设计中引导学习者找到论点和论据。由于学习者的身心发展还不成熟，因此议论水平不会太高，教师要注意不要设置太高的论点，以适应学习者的实际水平。

6. 说明文写作

说明文是以说明某种事物或某种过程为写作目的的一种写作形式。要写好说明文首先要对被说明的对象有充分的认识和了解，分析、比较这一事物和另一事物之间的不同点，把握事物的特点，然后紧紧抓住这一特点加以说明，只有这样，才能把事物说得明白清楚。例如，《我们的学校》就要写出我们的学校与其他学校的不同之处，切忌泛泛而谈。

教师在设计说明文写作教学时，应注意说明文给人以知识，所以学习者必须对所要传授的知识有所了解，这也是合理安排顺序的前提。如果对泰山没有比较丰富的知识，自己也没有仔细游览过，即使掌握了关于空间顺序或者时间顺序的技巧，也不可能给人以真正的知识。阐释事理亦然，如对事物本身的逻辑关系若明若暗，也无从安排逻辑顺序了。

此外，说明文和记叙文、议论文都有条理性即顺序安排问题。记叙文中的时间顺序安排应用极其广泛，写说明文时可有目的、有选择地进行借鉴。另外，记叙文中涉及写景和游记类文字中经常有方位安排的技巧，这也可在说明文中运用。议论文以说理为主，根据事物之间的逻辑关系进行判断推理，和事理说明文中逻辑顺序的安排有相通之处。

二、英语写作技能教学的原则

（一）以学生为主体原则

为了解决学生地位偏差的问题，在大学英语写作教学中，教师应遵循以学生为主体原则，即明确学生的主体地位，尊重学生的主体性，围绕学生展开教学。而只有激发了学生的兴趣，提高了学生的主动性，才能使学生成为学习的主体。总体而言，就是要学生积极参与教学活动，发挥学习的自主性，使学生积极自主学习，提高学生的写作能力。

（二）循序渐进原则

任何一件事情的顺利完成都是需要花费时间的，都是一个循序渐进的过程，大学英语写作教学也不例外。在英语写作教学中，循序渐进原则主要涉及以下几个方面：

1. 语言层面：由低到高

在语言层面，教师可以先让学生进行句子写作方面的练习，然后逐步过渡到段落与篇章的写作。由于课堂教学时间有限，教师可以将对句子的写作训练穿插在其他技能课中，如精读和听说课。此外，教师可以设置组织各种训练活动，如连词组句、补全句子、合并句子、扩充句子等，学生对句子写作逐步熟练后，教师就可以增加难度，过渡到篇章写作。

2. 语法结构层面：由易到难

在写作过程中，很多同学都因语法欠佳而无法使用哪怕稍微复杂一点的表达，这样势必会影响输出效果，写作质量也不会太高。因此，学生一定要重视语法学习，掌握基础的语法结构，在此基础上掌握更为复杂的语法结构。具体来说，在写作学习中，学生要先掌握简单句，然后掌握复杂句和并列句；先掌握短句，然后掌握长句；先掌握陈述句，然后掌握虚拟句和感叹句。对教师来说，也要坚持循序渐进原则，在语法结构上由易到难，帮助学生巩固基础，进而攻克薄弱环节。

3. 话题层面：由熟到生

学生对于自己熟悉的话题往往更有写作兴趣，写起来也相对容易。因此，教师在写作训练中，可以先从学生熟悉又感兴趣的话题开始，等学生掌握一定的写作技巧后，可以让学生就一些社会热点问题表达自己的观点，锻炼学生的写作水平。

4. 体裁层面：由简到繁

对学生来说，不同文体其难易程度各不相同。一般来说，记叙文的写作难度较低，其次是描写文，然后是说明文，议论文的写作难度最高。因此，在写作体裁方面，学生应从记叙文的写作训练开始，逐步向其他文体过渡。

（三）交际性原则

写作是一种重要的交际方式，其最终目的也是交际，因此大学英语写作教学应遵循交际性原则。具体而言，遵循交际性原则要求教师做到以下几点：首先，教学活动满足学生的即时需求，提高学生的交际能力。其次，写作教学活动要为学生提供写作交际的机会，使学生从中获得乐趣。最后，在修改活动中采用小组或同伴活动，加强学生之间的交流，让学生通过交流活动获得素材，从而为文章增添内容，锻炼学生的思维。

（四）恰当性原则

英语写作教学的恰当性是指写作任务的设计应该恰当。具体来说，写作任务需要具备如下两点特征：一是能够将学生思想交流的需求激发出来，让学生有内容可写；二是有助于提升学生的语言水平。这两点要求虽然都说的是作者对写作方法的要求，但是也对写作任务进行了设计。具体而言，如果教师要想设计一个好的任务，就需要从学生的实际出发，让学生有充足的内容进行写作。同时，教师也需要考虑学生的语言水平，这样他们才能完成写作。

（五）多样性原则

英语写作教学中需要坚持多样性原则，主要体现在训练方式与表达方式上。

从训练方式上说，教师应该采用多样化的方式，如可以通过扩写、仿写等办法训练学生的写作能力，同时教师应该把握好每一种方法的优缺点，让学生在多种方法下掌握适合自己的方法。

从表达方式上说，教师应该引导学生采用多种表达方式展开写作，而不仅仅是一种方式，这样才是灵活的写作。

三、高校英语写作技能教学中混合式教学的实施

（一）倡导学生运用信息技术支持英文写作

教师利用信息技术进行英语写作教学可以打破时空限制，实现写作资源的合理共享，并且充分补充英语教学资源。教师在英语写作教学中融合信息技术，可以让学生在网上搜索相关写作内容，并且对所搜索的内容进行整理与分析，把得出的结论最终应用到自己的写作内容中，顺利完成写作任务。

现代高校大学生都熟悉网络，每天都利用手机上网，对此，教师可以利用网络资源为学生增加写作的机会，充分激发学生对英语写作的兴趣，并在学生进行写作的过程中给予充分指导，形成一种和谐、融洽的交流氛围。

（二）利用计算机文字处理程序辅助英语写作，代替原有写作形式

当前，随着计算机技术的快速发展，人们可以利用计算机完成很多工作。在写作练习的过程中，学生也可以利用计算机的快捷、方便特点来完成写作任务，很多计算机中都带有对写作中的标点、大写、小写、拼写等进行检测的功能，那么学生就可以利用这些工具来检测自己所完成作文中的错误并进行改正。

其中，拼写、语法功能可以有效减少学生作文中的拼写、语法错误，编辑功能还可以

帮助学生完善段落之间的连接、组织、转移等要求。另外，学生还可以利用添加、剪切、复制等来修改自己的作文。此外，很多计算机还带有词典，学生可以利用这一功能迅速找到自己想要使用的词，或者检查自己所使用词语的正确与否。

计算机文字处理程序的功能一定程度上减少了写作的重复劳动，节省了很多时间，因此学生能够花费更多精力在写作上，增强了他们对写作的兴趣和积极性。

（三）利用微信、QQ 辅助英语写作教学，加强师生间、生生间的交流

微信、QQ 可以成为英语教师教授写作课程的助手，帮助教师加强与学生之间的沟通与交流。在写作过程中，学生可以将自己完成的作文通过微信、QQ 发给教师，教师在完成批改之后，再利用微信、QQ 发给学生。学生对于教师批改的作文进行修改与反思，最终形成一篇优秀的作文。此外，教师可以鼓励学生利用微信、QQ 等与同学、他人用英语进行交流，尤其是与英语为母语的人进行交流，这可以有效帮助学生提升自身的英语运用能力。经过一段时间沟通，学生可以将自己的交流心得写成作文，其中可以写生活、学习、旅游、家庭、爱好等各个方面的主题作文，从而实现自身英语写作水平的提升。

第四章 大数据时代下高校英语文化知识的混合式教学

第一节 文化及文化知识

在大数据背景下的混合式教学模式下，除了要教授基本知识与基本技能，还需要传授文化知识。通过利用线上的慕课教学、翻转课堂教学等，将文化知识尽可能地进行输入与输出，从而培养学生的文化价值观，使他们具备文化思辨能力。

一、文化

无论是历史上还是现代社会，人们所说的社会都是全球社会，每一种文化都是将宇宙万物囊括在内的体系，并且将宇宙万物纳入各自的文化版图之中。总体上说，文化涉及人与社会的关系、人的存在方式等层面。但是，其也包含一些具体的内容。下面就来具体论述什么是文化。

（一）文化的定义

对于普通人来说，文化可以比作水与鱼的关系，是一种平时都可以使用到，却不知道的客观存在。对于研究者来说，文化是一种容易被感知到、却不容易把握的概念。

在文化领域下，文化的定义可以等同于2001年联合国教科文组织发表的《世界文化多样性宣言》中的定义：文化是某个社会、社会群体特有的，集物质、精神、情感等为一体的综合表现，其不仅涉及文学、艺术，还涉及生活准则、生活方式、传统、价值观等。

进入20世纪90年代之后，很多学者也对文化进行了界定，这里归结为两种：一种是社会结构层面上的文化，指一个社会中起着普遍、长期意义的行为模式与准则；一种是个体行为层面上的文化，指的是对个人习得产生影响的规则。

这些定义都表明了：文化不仅反映的是社会存在，其本身就是一种行为、价值观、社会方式等的解释与整合，是人与自然、社会、自身关系的呈现。

（二）文化的分类

1. 交际文化与知识文化

文化和交际总是被放到一起来讨论，文化在交际中有着无可替代的地位，并对交际的影响最大，因此有学者将文化分为交际文化和知识文化。

那些对跨文化交际直接起作用的文化信息就是交际文化，而那些对跨文化交际没有直接作用的文化就是知识文化，包括文化实物、艺术品、文物古迹等物质形式的文化。

学者们常常将关注点放在交际文化上，而对知识文化进行的研究较少。交际文化又分为外显交际文化和内隐交际文化。外显交际文化主要是关于衣、食、住、行的文化，是表现出来的；内隐交际文化是关于思维和价值观的文化，不易察觉。

2. 物质文化、制度文化与精神文化

三分法是将文化分为物质文化、制度文化和精神文化的分类方法。

人从出生开始就离不开物质的支撑，物质是满足人类基本生存需要的必需品。物质文化就是人类在社会实践中创造的有关文化的物质产品。物质文化是用来满足人类的生存需要的，只是为了让人类更好地在当前的环境中生存下去，是文化的基础部分。

人是高级动物，会在生存的环境中通过合作和竞争来建立一个社会组织，这也是人与动物有区别的一个地方。人类创建制度，归根结底还是为自己服务的，但同时也对自己有所约束。一个社会必然有着与社会性质相适应的制度，制度包含着各种规则、法律等，制度文化就是与此相关的文化。

人与动物的另一个本质区别就是人的思想性。人有大脑，会思考，有意识。精神文化就是有关意识的文化，是一种无形的东西，构成了文化的精神内核。精神文化是人类在认识世界和改造世界的过程中挖掘出的一套思想理论，包括价值观、文学、哲学、道德，伦理、习俗、艺术、宗教信仰等，因此也被称为观念文化。

（三）文化的特征

1. 主体性

文化是客体的主体化，是主体发挥创造性的外化表现。文化具有主体性的特征主要源

于人的主体性。所谓人的主体性，即人作为活动主体、实践主体等的质的规定性。人通过与客体进行交互，才能将其主体性展现出来，从而产生一种自觉性。一般来说，文化的主体性特征主要表现为如下两点：

首先，文化主体不仅具有目的性，还具有工具性。如前所述，由于文化是主体发挥创造性的外化表现，因此其必然会体现文化主体的目的性，只有这样才能促进人的全面发展。另外，文化也是人能够全面发展的工具，如果不存在文化，那么就无法谈及人的全面发展，因此这体现了文化的工具性。

其次，文化主体不仅具有生产性，还具有消费性。人们之所以进行生产，主要是为消费服务的，而人类对文化进行生产与创造，也是为了更好地进行消费。在这一过程中，对文化进行创造属于手段，对文化进行消费属于目的。

2. 历史性

文化具有历史性的特征，这是因为其将人类社会生活与价值观的变化过程动态地反映出来。也就是说，文化随着社会进步不断演进，也在不断地扬弃，即对既有文化进行批判、继承与改造。对于某一历史时期来说，这些文化是积极的、先进的，但是随着时代的发展，这些文化又可能失去其积极性、先进性，被先进的文化取代。

例如，汉语中的“拱手”指男子相见时的一种尊重的礼节，该词产生于传统汉民族文化中。然而随着历史的发展，这一礼节已经不复存在，现代社会常见的礼节是鞠躬、握手等。因此，在当今社会，“拱手”一词已经丧失了之前的意义，而仅作为文学作品中传达某些情感的符号。

3. 实践性

实践是人类对文化进行创造的自觉性、能动性的活动，而文化是人类进行实践的内在图式。简单来说，文化具有实践性特征，具体可以表现为两点。首先，实践对文化起决定性作用。人类展开实践的手段与方式决定着文化的性质。在这些实践手段与方式中，物质生产方式居于基础地位。其次，文化对实践有促进作用。这是因为实践往往是在某些特定文化中展开的，如果没有文化背景的融入，那么实践就会非常困难。另外，文化对实践的展开有着巨大的指导意义，也正是由于文化的指导，实践才能取得成功。

4. 社会性

文化具有社会性特征，这主要表现在如下两点：

首先，从自然上来说，文化是人们创造性活动的结果，如贝壳、冰块等自然物品经过雕琢会变成饰品、冰雕等。

其次，从人类行为来说，文化起着重要的规范作用。一个人生长于什么样的环境，其言谈举止就会有什么样的表现。另外，人们可以在文化的轨道中对各种处世规则进行把握，因此可以说人不仅是社会中的人，也是文化中的人。

二、文化知识教学

（一）文化知识教学的目的

在当前，英语文化教学的目标是提升学生的跨文化交际能力，具体来说，主要可以从如下三点来理解：

1. 帮助学生树立多元文化意识

了解世界文化的多样性，有助于人们建立多元性的观念。文化不同，其产生的背景也不同，因此彼此之间不能进行替代。在全球化视角下，不同文化群体之间的交流变得更为频繁，因此人们需要理解与尊重不同的文化，这样避免在交际中出现交际困难或者交际冲突。在英语文化教学中，教师应该让学生对不同文化逐渐了解与熟知，让他们不仅要了解自身的文化，还要了解他国的文化，这样才能建构他们多元化的意识。

2. 发展学生的批判性思维

在英语文化教学中，教师应该培养学生的批判性思维，让学生逐渐反思本国的文化，然后将那些有利的条件综合起来，对文化背后的现象进行假设，从而建构自己的文化观。

3. 为学生创造学习异质文化的机会

当不同文化之间进行了解与接触的时候，难免会出现碰撞，并且很多人可能对这种碰撞感觉到不舒服、不适应。因此，在英语文化教学中，教师应该让学生了解这一点、规避这一点，提升自身的文化适应能力。

（二）文化知识教学的内容

语言是文化的一部分，因此英语文化教学中必然包含语言文化的教授，此外还存在一些非语言文化以及中西方文化差异，这些都是英语文化教学的重要组成部分。

1. 语言文化

要想能准确地进行跨文化交际，双方首先就需要弄清英汉语言文化的差异性，其主要表现在词汇、句子、语篇上。

（1）词汇层面

对于英汉语言来说，词汇是其组成的细胞，英汉两种语言中的词汇是非常丰富的。但是，这种丰富性也导致了英汉词汇在词义、搭配式等层面的差异性。

词汇意义：

其一，完全对应。在英汉两种语言中，有些词在词义上是完全对应的，一般这类词包含名词、术语、特定译名等。例如，paper 指代“纸”，steel 指代“钢”。

其二，部分对应。在英汉两种语言中，有些词呈部分对应，即有些英语词词义广泛，而汉语词词义狭窄，有些英语词词义狭窄，但汉语词词义广泛。例如，sister 既代表“姐姐”，又代表“妹妹”；red 既指代“红色”，又可以指代“紧急、愤怒、极端危险”。

其三，无对应。受英汉文化差异的影响，英汉语中有很多专门的词在对方语言中找不到对应词，就是所谓的“无对应”，也可以被称为“词汇空缺”。例如，chocolate 即“巧克力”，hot dog 即“热狗”。

其四，貌合神离对应。在英汉两种语言中，有些词表面看起来是对应的，其实不然，这种对应的词语可以称为“假朋友”。例如，grammar school 为“升大学的学生设立中学”，而不是“语法学校”；talk horse 为“吹牛”，而不是“谈马”。

词汇搭配能力：

词汇的搭配研究的是词与词之间的横向组合关系，即所谓的“同现关系”。一般来说，搭配是约定俗成的，但是英汉搭配规律存在着明显的区别，不能混用。例如：

as plentiful as blackberries 多如牛毛

black tea 红茶

另外，很多词具有很强的搭配能力，如英语中的 to do 可以构成很多词组。to do the bed 意思是铺床，to do the windows 意思是擦窗户，to do one´s teeth 意思是刷牙，to do the dishes 意思是洗碗碟。通过上述 to do 组成的这些词语可以看出其搭配能力的广泛，可以用于“床”“窗户”“牙”“碗碟”等，但是汉语中与之搭配的词语不同，用了“铺”“擦”“洗”等。

再如，汉语中的“看”也是如此。看电影即 see a film，看电视即 watch TV，看地图则为 study a map。

（2）句法层面

在英语中，句法起着十分重要的作用。了解中西方句法的不同特征，有助于更好地进行英汉互译。中西方句法的差异有很多，这里主要从语态、句子重心层面入手分析。

①语态

中西方思维模式的不同也必然会影响着语态的选择。通过分析英汉语可知，英语善用被动语态，而汉语善用主动语态，英汉翻译中也呈现出这一特点。语言是文化的载体，选择不同的语态代表着文化的不同。英语选用被动语态说明英语国家的人们对客观事物是非常看重的，而汉语选择主动语态说明中国人对做事主体的作用是非常看重的。

②句子重心

在句子重心上，汉语句子重心在后，英语句子一般重心在前。也就是说，汉语句子一般把重要信息、主要部分置于句尾，而次要信息、次要部分置于句首。英语句子一般将重要信息、主要部分置于主句之中，位于句首。

(3) 语篇层面

对于英汉两种语言来说，语篇即语言的运用，是更为广泛的社会实践。在中西语言中，语言是词汇、句子等组合成的语言整体，是实际的语言运用单位。人们在日常交谈中，运用的一系列段落都属于语篇。同时，语篇功能、语篇意义等都是根据一定的组织脉络予以确定的。中西方语篇在组织脉络上存在着明显的差异，这些差异影响着人们的谋篇布局。

逻辑连接：

其一，隐含性与显明性。所谓隐含性，是指汉语语篇的逻辑关系不需要用衔接词来标示，但是通过分析上下文可以推断与理解。相反，所谓显明性，是指英语中的逻辑关系是依靠连接词等衔接手段来衔接的，语篇中往往会出现 but，and 等衔接词，这可以被称为“语篇标记”。汉语属于意合语言，英语属于形合语言，前者注重意念上的衔接，因此具有高度的隐含性；后者注重形式上的接应，逻辑关系具有高度的显明性，例如：

跑得了和尚，跑不了庙。

The monk may run away，but never his temple.

上述例子中，汉语原句并未使用任何连接词，但是很容易理解，是明显的转折关系。但是，在翻译时，译者为了符合英语的形合特点，添加了 but 一词，这样更容易被英语读者理解。

其二，展开性与浓缩性。除了逻辑连接上的显明性，汉语中呈现展开性，即常使用短句，节节论述，这样便于将事情说清楚、说明白。英语在语义上具有浓缩性。显明性是连接词的表露，是一种语言活动形式的明示，但是浓缩性并未如此。英语具有独特的思维方式与语言特点，这也决定了表达方式的高度浓缩性，习惯将众多信息依靠多种手段来思考，如果将其按部就班地转化成中文，那么必然是不合理的。例如：

She said, with perfect truth, that "it must be delightful to have a brother," and easily got the pity of tender hearted Amelia, for being alone in the world, an orphan without friends or kindred.

她说道，“有个哥哥该多好啊，”这话说得入情入理。她没爹没娘，又没有亲友，真是孤苦伶仃。软心肠的阿米莉亚听了，立刻觉得她很可怜。

上例中，with perfect truth 充当状语，翻译时，译者在逻辑关系上添加了“增强”的逻辑关系。英语介词与汉语介词不同，是相对活跃的词类，因此用 with 可以使感情更为强烈，在衔接上也更为紧密。相比之下，汉语则按照语句的次序进行平铺，这样才能让汉语读者理解和明白。

其三，迂回性表述与直线性表述。英汉逻辑关系的差异还体现在表述的直线性与迂回性上。汉语侧重铺垫，先描述一系列背景与相关信息，最后总结陈述要点。英语侧重开门见山，将话语的重点置于开头，然后再逐层介绍。例如：

Electricity would be of very little service if we were obliged to depend on the momentary flow.

在我们需要依靠瞬时电流时，电就没有多大用处。

上例中的逻辑语义是一致的，都是“增强”，但是在表述顺序上则相反。英语原句为主从复合句，重点信息在前，次要信息在后，在翻译成汉语后，则次要信息优先介绍，而后引出重点信息，这样更符合汉语的表达。

表达方式：

其一，主题与主语。汉语属于主题显著语言，其凸显主题，结构上往往包含两个部分：一部分为话题，一部分为对话题的说明，不存在主语与谓语之间的一致性关系。英语属于主语显著的语言，其凸显主语，除了省略句，其他句子都有主语，并且主语与谓语呈现一致性关系。对于这种一致关系，英语中往往采用特定的语法手段。例如：

The strong walls of the castle served as a good defense against the attackers.

那座城墙很坚固，在敌人的进攻中起到了很好的防御效果。

显然，英语原句有明确的主语，即 The strong walls of the castle，其与后面的谓语成分呈现一致关系。相比之下，翻译成汉语后，结构上也符合汉语的表达，前半句为话题，后半句对前半句进行说明。

其二，客观性与主观性。中国人注重主观性思维，因此汉语侧重人称，习惯采用有生命的事物或者人物作为主语，并以主观的口气来呈现。西方人注重客观性思维，因此英语侧重物称，往往采用将没有生命的事物或者不能主动发出动作的事物作为主语，并以客观的口气加以呈现。受这一差异的影响，汉语往往以主体作为根本，不在形式上有所拘泥，句子的语态也是隐含式的，而英语中的主被动呈现明显的界限，经常使用被动语态。例如：

These six kitchens are all needed when the plane is full of passengers.

这六个厨房在飞机载满乘客时都用得到。

显然，英语句子为被动式，而汉语句子呈现隐含式。

2. 非语言文化

对于非语言文化，一般来说主要包含如下几类：

（1）体态语

体态语又可以称为“身体语言”，其由美国著名的心理学家伯德惠斯特尔（Birdwhistell）提出。在伯德惠斯特尔看来，他认为身体各部分的器官运动、自身的动作都可以将感情态度传达出去，这些身体机能所传达的意义往往是语言不能传达的。体态语包含身势、姿势等基本姿态，微笑、握手等基本礼节动作，眼神、面部动作等人体部分动作。

所谓体态语，即传递交际信息的动作与表情。也可以理解为，除了正式的身体语言之外，人体任何一个部位都是能传达情感的一种表现。由于人体可以做出很多复杂的动作与姿势，因此体态语的分类是非常复杂的。

体态语包括眼睛动作、面部笑容、手势、腿部姿势、身体姿势等。

眼睛动作。眼睛是人类重要的器官，其是表情达意的重要组成部分，如愤怒时往往“横眉立目”，恋爱时往往“含情脉脉”等。在不同的情况下，眼睛也反映出一个人不同的心态。当一个人眼神闪烁时，他往往是犹豫不决的；当一个人白别人一眼时，他往往是非常反感的；当一个人瞪着他人时，他往往是非常愤怒的；等。

之所以眼睛会有这么多的功能，主要是因为瞳孔的存在。一些学者认为，瞳孔放大与收缩，不仅与光感有关，还与个体的心理活动有着密切的关系。当人们看到喜欢的东西或者感兴趣的事物时，他们的瞳孔一般会放大；当人们看到讨厌的东西或者不感兴趣的事物时，他们的瞳孔一般会缩小。瞳孔的改变会无意识地将人的心理变化反映出来，因此眼睛是人类思维的投影仪。

既然眼睛有这么大的功能，学会读懂眼语是非常重要的，同时要注意不要读错。例如，到他人家做客，最好不要左顾右盼，这样会让人觉得心不在焉，甚至心术不正。

需要指出的是，受民族与文化的影响，人们用眼睛来表达意思的习惯并不完全一样，这会在后面做详细论述，这里就不再多加赘述。

面部笑容。笑在人的一生中非常重要。当人不小心撞到他人时，笑一笑会表达一种歉意；当向他人表达祝贺时，笑一笑更显得真挚；当与他人第一次见面时，笑一笑会缩短彼此的距离。可见，笑是人类表情达意不可或缺的语言之一。

笑可以划分为多种，有大笑、狂笑、微笑、冷笑，也有轻蔑的笑、自嘲的笑、高兴的笑、阴险的笑等。当然，笑也分真假，真笑的表现一般有两点：一种是嘴唇迅速咧开，一种是在笑的间隔中会闭一下眼睛。当然，如果笑的时间过长，嘴巴开得缓慢，或者眼睛闭的时间较长，会让人觉得这样的笑容缺乏诚意，显得非常虚假和做作。当然，笑也有一些“信号”。

其一，突然中止的笑。如果笑容突然中止，往往有着警告和拒绝的意思。这种笑会让人觉得不安，会希望对方尽快结束话题。但是，如果一个人刚开始有笑意，之后突然板着脸，这说明他比较有心机，是那种难缠的人。

其二，爽朗的笑。这是一种真诚的笑，给人一种好心情的笑，一般会露出牙齿、发出声音，这种笑会让对方觉得你是一个很好相处的人，很容易信任与亲近你。

其三，见面开口笑。这种笑是人们日常常见的，指脸上挂着微笑，具有微笑的色彩，这种微笑具有礼节性，可以使人感到和蔼可亲。无论是见到长辈、小辈，还是上级、下属，这种笑都是最为恰当的笑。但需要指出的一点是，在笑的过程中要更为谨慎，不是一见面就哈哈大笑，这会让人感觉莫名其妙，它是一种谨慎的、收敛的笑。

其四，掩嘴而笑。这种笑是指用手帕、手等遮住嘴的笑。这种笑常见于女性，显得较为优雅，能够将女性的魅力彰显出来。

另外，由于文化背景的差异，不同国家的人对笑的礼仪也存在差异。在大多数国家，笑代表一种友好，但是在沙特阿拉伯的某一少数民族，笑是一种不友好的表现，甚至是侮辱的表现，往往会受到惩罚。

手势。手是人体的重要部分，在表达情意时的作用非凡。大约在人类创造了有声语言时，手势也就诞生了。手是人们传递情感的行之有效的工具之一。一般情况下，手势可以传达的意思有很多，高兴的时候可以手舞足蹈，紧张的时候可能手忙脚乱等。当一个人挥动手臂时，往往是表达告别之意；当一个人挥动拳头时，往往是表达威胁之意。而握手这样一个日常生活中普遍的动作，也能够将一个人的个性表达出来。第一种类型是大力士型，其在与他人握手时是非常用力的，这类人往往愿意用体力来标榜自己，性格比较鲁莽。第二种类型是保守型，这类人在与他人握手时往往手臂伸得不长，这类人性格较为保守，遇到事情时往往容易犹豫。第三种类型是懒散型，这类人与他人握手时，一般指头软弱无力，这类人的性格比较悲观懒散。第四种类型是敷衍型，这类人与他人握手是为了例行公事，仅仅将手指头伸给对方，给人一种不可信赖的感觉，这类人做事往往比较草率。还有一种是标准的握手方式，即与他人握手时应该把握好力度，自然坦诚，不流露出任何矫揉造作之嫌。

腿部姿势。在舞会、晚会、客厅等场合，人们往往会有抖腿、别腿等腿部动作，这些动作虽然没有意义，但是他们在传达某种信息。因此，腿在人们的表情达意过程中有着非常重要的作用。对腿的动作的了解是人们了解他人内心的一种有效途径。当你坐着等待他人到来时，往往腿部会不自觉地抖动，以表达紧张和焦虑之情；当心中想拒绝别人或者心中存在不安情绪时，往往会交叉双腿。

（2）副语言

一般来说，副语言又可以称为“伴随语言”“类语言”，其最初是由语言学家特拉格（Trager）提出的。在对文化与交际进行研究的过程中，他搜集整理了一大批心理学与语言学的素材，并进行了归纳与综合，提出了一些适用于不同情境的语音修饰成分。在特拉格看来，这些修饰成分可以自成系统，是伴随着正常交际的语言，因此被称为副语言。具体来说，其包含如下几点要素：

音型（voice set），指的是发话人的语音物理特征与生理特征，这些特征使人们可以识别发话人的年龄、语气等。

音质（voice quality），指的是发话人声音的背景特点，包含音域、音速、节奏等。例如，如果一个人说话吞吞吐吐，没有任何的音调改变，他说他喜欢某件东西其实意味着他并不喜欢。

发声（vocalization），其包含哭声、笑声、伴随音、叹息声等。上述三类是副语言的最初内涵，之后又产生了停顿、沉默与话轮转换等内容。

（3）客体语

所谓客体语，是指与人体相关的服装、相貌、气味等，这些东西在人际交往中也有着非常重要的作用。从交际角度而言，这些层面都可以表达非言语信息，都可以将一个人的特征或者文化特征彰显出来，因此非言语交际是一种非常重要的沟通手段。

相貌。无论是西方文化还是中国文化，人们对于自己的相貌都非常看重。但是在各国文化中，相貌评判的标准也存在差异，有共性，也有个性。

饰品。人们身上佩戴的饰品本身并没有什么意义，但是出现在不同的场合，就是一种媒介和象征。例如，戒指戴在食指上代表单身，戴在中指上代表恋爱中，戴在无名指上代表已婚。这些作为一种约定俗成的代码，人们不可以弄错。

一般来说，佩戴耳环是妇女在交际场合的一种习惯。当然，少数的青年人也会佩戴耳环，以彰显时尚。

3. 中西文化差异

（1）个人主义与集体主义

西方绝大多数哲学倾向和流派都强调“主客二分”，把主体与客体对立起来。所以，西方人从一开始就用各种方法征服自然，强调个人奋斗的价值，对于个性、自由非常推崇，注重自我实现。但需要指出的是，个人主义并不意味着个人利益比任何利益都高，而是需要在法定的范围内，因此个人主义也是一种健康的、积极的价值观。不得不说，个人主义有助于个人的创新与进取，但是如果对个人主义过分强调，可能也会影响整个社会的亲和力。他们以批判的眼光看待已有的知识，从而不断获取新的知识。西方人的独立精神以及对个人存在价值的尊重，使得西方人逐渐形成了求异忌同、标新立异的开拓精神。因此，西方文化在继承、批判的呼声中不断推陈出新，从而保持旺盛的生命力。

当遇到个人利益与集体利益发生冲突时，人们往往被要求与集体利益保持一致性。虽然这种情况在当代社会有所改变，但是中国人仍旧饱含着强烈的集体归属感。同时，中国人以谦逊为美，追求随遇而安，知足常乐，而争强好胜，好出风头是不被看好的。

（2）追求变化与追求稳定

西方人追求变化，认为“无物不变”，尤其对于美国这样一个多元移民的国家，人们为了满足基本的生存需要以及对物质的迫切需求，一直在求变，求创新。如果不进行创新，那么就不能满足他们已经取得的成就，也无法追求更美好的生活。因此，美国人往往不会受传统的限制，也不会受教育、家庭、个人能力等条件的限制，而是不停地在变换中探求个人的最大潜力，从而实现个人价值的最大化。在这种社会意义上的“频繁移动”的推动下，财富、机会等的流动越来越频繁，从而逐渐形成一个不断创新；标新立异的社会文化氛围。从小的方面说，服饰、家具装潢等都在不断创新，从大的方面说，政策，科技等也在不断更替，这些都明显体现了西方人求变的心态。

受儒家思想的影响，中国文化历来强调求稳求安，渴望祥和安宁。中国人习惯乐天知命，即习惯生活在祥和的环境中，知足常乐、相安无事，稍微发生变动，中国人往往会有杞人忧天、无所适从之感。同时，受农耕文明的影响，人们的价值观往往被禁锢在土地上，他们认为只有安居，才能乐业，如果背井离乡，那么就会像游子一样，漂泊无依。现如今，人们对于安居的理念也是根深蒂固的，认为即使蜗居在一个特别小的房子，那也会让自己有满足感。

（3）避免冲突与直面冲突

在处理谈判关系时，西方人侧重将矛盾公开，然后投入大量时间、人力等对这些矛盾问题进行处理，从而实现预期的结果。在西方人眼中，谈判双方只有明白说出问题，然后彼此才能将问题具体化，考虑自身利益的情况下对问题进而冲突，公开数据、事实是非常看重的，不会回避冲突，而是直面冲突，公开阐述自己不同的意见。当然，西方人在处理问题上也不会过于呆板，有时候会妥协，目的是尽快将协议达成。

在中国人眼中，人际关系非常重要，因此他们在谈判中往往会尽量避免冲突，认为这些冲突可以运用其他方式解决，如合作、妥协、和解等。

如果在交际中发生冲突，中国人往往强调双方合作的益处，以抵消彼此的冲突以及冲突对彼此造成的不快。例如，在处理冲突时，中国人为了避免冲突，往往在争议问题的基础上提出自己新的见解，或者提出一些折中的方案，避免将这些争议问题升级，显然这表现出较高的灵活性，从而使谈判双方保持良好的交际关系。中国人之所以对这种交际关系进行维持，主要是由于如下两点原因：一是在中国人眼中，即便双方发生冲突，只要彼此的关系存在，对方就有义务考虑另一方的需要；二是只要彼此的关系存在，即便暂时未达成协议，也能够为将来达成协议做准备。

（4）求真与求善

“天人二分”的西方哲学观必然引出西方文化对真理的追求。认识自然的目的在于探求真理，以便指导自己去改变自然、征服自然。无论是古希腊哲人赫拉克利特、柏拉图，还是亚里士多德，都主张认识的根本目标在于发现真理，智慧就在于认识真理，并把能认识真理视为人的最高追求。人们眼中的中世纪代表着愚昧、荒诞，虽然如此，那时候的人们仍然大肆宣扬着对真理的追求。对于真、善、美的向往，是人类的共有特性。但是，西方文化是先求真，再求善，真优于善。例如，古希腊早期哲学只涉及真，而未涉及善。后来，道德问题在哲学中地位有所提高，但仍然是存在于真理的基础上。一直到近代，西方文化一直遵从这种真高于善、善基于真的格局，由此我们可以说西方文化为认识文化。

从一定意义上说，中国文化是一种伦理文化，因为在中国古代文化中，认识、求真往往与伦理、求善结合在一起，并且前者附属于后者。儒学的经典之作《论语》，就是以伦理为核心的，然后延伸到政治等方面。孔子甚至将“中庸”看成美德之至。孟子也是在其

“性善”说基础上建立其“仁政”和“良知、良能”学说的。孟子认为，认识的先天能力（良知、良能）源于性善。“诚”的中心内容是善；“思诚”的中心内容是“明乎善”。唯有思诚、尽性，才能解除对良知、良能的遮蔽，获取充分的知识和智慧。显然，善高于真而衍生真。宋明理学作为儒学的新阶段，已吸收综合了道、佛的某些重要思想，但其基本构架仍是伦理思想统驭认识论，如“格物致知”的认识论就在伦理学的控制范围之内。理学的认识论完全被伦理学兼并了。

在中国古代，社会的价值观表现为文化政治化、道德化，过多地在乎社会秩序和人际关系的礼仪，并认为这是“正道”。当时的人生理想被宣扬为读经书，考科举，进入仕途，因此许多知识分子争先恐后地追求仕宦前程，都在研究怎么度过人生、怎么安邦治国，而对与此没有直接关联的学问非常漠视。这种趋势在汉代以后就表现得更加明显，重义轻利，重人伦轻自然，重政治轻技术，甚至儒家思想还将理性思辨和科学分析置于日常生活、伦常感情和政治观念中，使科学理论伦理化，政治化。而道家的文化是一种朴素的文化，他们推崇原始的、蛮荒的世界，普遍蔑视科学技术。这种情况在封建社会的后期变得更加严重，十分不利于科学技术的发展。人们普遍喊着“万般皆下品，唯有读书高”的响亮口号，需要注意的是，他们读的书不是科技类的，而是圣贤的“经书”。人们都想通过宦官仕途而成为人上人，劳动者因为没有文化而不能把技术抽象为科学，而有文化的知识分子实际上就是封建官僚的后备军，又不屑于具体的科技。这就造成了“主流学问”与实用知识的脱节以及劳动实践与知识创造的割裂，所有这些实际上已经成为科技进步道路上的一个巨大的绊脚石。

（5）讲面子与实话实说

西方人对于个人自由非常注重，虽然有时候也会注重面子，但是只是认为丢面子比较尴尬而已，不会感到羞耻。面对自己的错误，西方人更多地表现为自责，这可以从他们的行为中看出来。

对于西方人而言，说实话、课堂提问、直接拒绝朋友、挑战权威等都是简单的事情，并不会对集体造成影响。并且，西方人非常讨厌人云亦云的人，只有那些勇敢说出自己的想法的人才会被尊重和肯定。另外，西方人也比较直接，愿意将问题摆在台面上，这样才能尽快达成共识。

中国人认为面子代表的是自己的尊严、自己的荣誉，因此中国人对于面子非常看重，也对他人的面子予以尊重。简单来说，就是中国人不允许自己丢脸，也不会让他人丢脸。因此，为了在保证面子的情况下将意见进行有效传达，就必须压制住自己的情绪，将所有的批评放在私下来说，尽量不当面给出批评，否则会收到不好的结果。另外，中国人不会明确将自己的意愿表达出来，尤其是对他人及他人所做的事的否定，而往往会选择委婉的形式，希望对方能够从中了解具体的意思，这样不仅可以对自己的面子进行保留，还能够保持彼此的交情，从而实现交际。

（6）询问私事与回避私事

相比之下，在西方社会中，尤其以美国为典型的说明，人们的一切行为都以个人作为中心，个人的利益不可侵犯，这是典型的个人本位主义。受这一思想的影响，美国十分重视个人的隐私，这体现在社会生活的各个方面，如人们在进行交谈时，一般会避开个人隐私话题，因为这对于他们是禁忌，包含年龄、收入等都属于隐私问题。在西方文化观念中，看到他人出门或者归来，从来不会问及去哪里或者从哪里回来；在看到他人买东西时，也不会问及东西的价格，因为这些问题都是对他人隐私的侵犯，即便你是长辈或者上司，也都不能询问。

从古至今，中国人喜欢聚居的生活，如“大杂居”“四合院”等都是很好的表现，目的在于这样的居住有助于接触，但是也会干扰到个人的生活。同时，中国人骨子里就推崇团结友爱、相互关心，个人的事情就是一大家子的事情，甚至是集体的事情，因此人们习惯聚在一起去谈论自己或者他人的喜悦与不快，同时愿意去了解他人的喜悦与不快。在中国的文化习俗中，长辈或者上级询问晚辈或者下属的年龄、婚姻情况等，是出于关心的目的，而不是对他人隐私的窥探。通常，长辈与晚辈、上级与下属的关系比较亲密时才会问到这些问题，而且晚辈或者下属也不会觉得这是对个人隐私的侵犯，反而会觉得长辈或上级很亲切。

（7）曲线思维与直线思维

西方人的思维呈现直线式，在表达思想时往往直截了当，在一开始就点明主题，然后再依次叙述具体情节和背景。这种思维方式对语言也产生着重要的影响，即英语为前重心语言，在句子开头说明话语的主要信息，或者将重要信息和新信息放在句子前面，头短尾长。例如，“It is dangerous to drive through this area.”该句子以 it is dangerous 开始，点明主题，突出了重点。

中国人的思维方式呈现曲线式，在表达思想和观点时常迂回前进，将做出的判断或者推论以总结的形式放在句子最末尾。这种思维方式在语言中的反映是，汉语先细节后结果，由假设到推论，由事实到结论，基本遵循“先旧后新，先轻后重”的原则。例如，同样是“It is dangerous to drive through this area.”这句话，汉语表达则是“驾车经过这一地区，真是太危险了。”从该例既能感受到中国的曲线思维，又能了解中西思维的差异。

（8）分析性思维与整体性思维

西方倾向分析性思维，对事物进行分析时，既包括原因和结果分析，又包括对事物之间关系的分析。17世纪以后，西方分析事物的角度主要是因果关系。恩格斯特别强调了认识自然界的条件和前提，他认为只有把自然界进行结构的分解，使其更加细化，然后对各种各样的解剖形态进行研究，才能深刻地认识自然界。西方人的分析性思维就从这里开始萌芽，这种思维方式将世界上的人与自然、主体与客体、精神与物质、思维与存在等事物放在相反的位置，以彰显二者之间的差异。

这种分析性思维包含两个层面：一是分开探析的思维，既把一个整体的事物分解为各个不同的要素，使这些要素相互独立，然后对各个不同的独立的要素进行本质属性的探索，从而为解释整体事物及各个要素之间的因果关系提供依据。二是以完整而非孤立，变化而非静止、相对而非绝对的辩证观点去分析复杂的世界。马克思主义哲学大力提倡这种思维层次。

在最早的生成阶段，宇宙呈现出阴阳混而为一，天地未分的混沌状态，即太极。太极动而生阳，静而生阴，在动静交替中产生出阴、阳来。阴阳相互对立、相互转化。事物总是在阴阳交替变化的过程之中求得生存、发展。从哲学的角度来看，阴和阳之间的关系是从对立走向对立统一的。这就体现了中国传统哲学的整体性特点，它不注重对事物的分类，而是更加重视整体之间的联系。

基于整体性思想，中国人总是习惯于首先从大的宏观角度初步了解、判断事物，而不习惯于从微观角度来把握事物的属性，因而得出的结论既不确定又无法验证。由此中国人逐渐养成了对任何事物不下极端结论的态度，只是采取非常折中、含糊不清的表达方式，在表述意见时较少使用直接外显的逻辑关系表征词。总而言之，中国人善于发现事物的对立，并从对立中把握统一，从统一中把握对立，求得整体的动态平衡。

（9）创新思维与保守思维

西方人的创新思维较强，并且也具有鲜明的批判性，因此西方哲学在各个时期都有不同的理论体系，前仆后继。西方思维方式趋于多元化，注重多方向、多层次、多方法地寻求新的问题解决方案，重视追根穷源，具有发散性、开放性。西方人勇于打破常规。对西方人来讲，有变化，才有进步，才有未来，他们三者之间有着直接的关联。没有变化、进步，就没有未来。翻开西方历史，显而易见的是标新立异的成功。正是这种创新的价值取向，使西方人永远生活在生机勃勃的氛围中。

中国封建社会的一体化政治结构，决定了中国传统文化长期以来遵守“大一统”思想，要求个人和社会的信仰一致。这种“大一统”思想又通过儒家的“三纲五常”“礼乐教化”来得到巩固。中国封建社会希望社会中所有的人，上至国君，下至百姓，都形成同样的价值取向和行为模式。在这种“大一统”文化的熏陶之下，中国人的思维方式相当保守，极端排斥异己，因而也具有很强的封闭性，缺乏怀疑、批判、开拓和创新的精神。但是，正是因为这种保守思想，中华文化才得以保存、延续和发展。

（10）逆向思维与顺向思维

不同民族的人们在观察事物或解决问题时，会采用不同的视角和思维方式。西方人习惯采用逆向思维，通常从反面描述来实现预期效果。这种思维在语言上有着充分的体现，如在说“油漆未干”时，英语表达是 wet paint，在说“少儿不宜”时，英语表达是 adult only。

相较于西方，中国人更倾向于顺向思维，就是按照字面陈述其思想内容。这在语言中的体现十分明显，如“成功者敢于独立思考，敢于运用自己的知识”这句话就是按顺序表达，而且其意思可以按照字面意思理解。而这句话英语表达时则是“Winners are not afraid to do their own thinking and to use their own knowledge”。由此可以看出中西方思维方式的差异。

（三）文化知识教学的模式

随着英语教学不断开展，教师对于英语的文化内涵开始给予关注，并且知道在英语教学中培养学生的文化交际素质是非常重要的。在文化教学中，教师应采用恰当的教学模式，只有这样才能实现教学目的。一般来说，文化教学的模式主要有如下几种：

1.“交际—结构—跨文化”模式

文化教学的常见模式就是“交际—结构一跨文化”模式，这一模式与中国人的英语教学习惯相符合。在英语教学中，中国的大多数学生都是以汉语思维展开的。这种认知与思维方式与英语学习的规律不相符。心理学家指出，事物之间的差异越大，那么就越能对人类的记忆进行刺激。“交际—结构一跨文化”模式能够从英语学习的全过程出发，展开认知层面的刺激。在教学的各个阶段，都对学生的目的语思维模式产生影响。

（1）交际体验

交际体验即让学生掌握一定的交际能力，通过运用英语展开交际。交际能力是人们为了对环境进行平衡而实施的一种自我调节机制。通过这种交际体验，能够不断提升学生的交际能力。在交际过程中，交际双方需要建立在一定的语言交际环境的基础上，不断熟悉和了解交际双方的背景知识，从而将交际双方的交际技能发挥出来。我国的英语教学需要为学生营造能够进行交际体验的环境，这样才能形成一种双向的互动与交际模式。

（2）结构学习

结构学习将语言技巧作为目标，将语言结构作为教学的中心与重点内容，从而利用英语展开教学。语言具有系统性，语言教与学中应该对这种系统性予以利用，找到教与学中的规律，实施结构性学习方式。结构学习要对如下几点予以关注：

第一，对学生的英语结构运用能力进行培养。

第二，对学生的词汇选择与创造力进行培养。

第三，对学生组词成句、组句成篇能力进行培养。

第四，对学生在不同语境下的交际能力进行培养。

（3）跨文化意识

跨文化意识是将对文化知识的了解与熟知作为目标，对文化习俗非常重视，利用英语为学生讲解文化习俗方面的知识。要想具备英语文化知识，学生不仅要对英语国家的历史与文化活动有所了解，还需要对相关文学作品进行研读，同时还要了解相关国家的风俗与习惯，从而形成对西方文化学习的热情与兴趣。久而久之，英语教学就成为一种对文化的探索教学，从而激发学生的学习兴趣，提升学生的学习效果。

这一模式要求在整个教学中需要对中西方文化进行对比，从而培养学生的跨文化意识。

2.“文化因素互动”教学模式

由于文化教学中存在各种问题，很多专家从不同视角出发对其进行研究与探讨，但是结果还不够满意。所谓文化的双向传递，即在英语教学中，以中西方文化为中心来用文化促进语言学习，从而建构双方的文化知识，实现跨文化交际。

文化因素互动的目的在于克服因教学中单向输入文化导致的各项问题，尤其是丧失中国文化，而是实现中西方文化的双向输入，是一种系统的、流行的，具备文化精髓与底蕴的主动的输入。在英语教学中实施这一模式，有助于优化学生的文化知识结构，培养学生的文化意识与能力。

第二节　高校英语文化知识教学的原则

一、主体意识强化原则

基于全球化的浪潮，西方国家凭借自身的话语权，采用经济、文化等手段推行其生活方式或意识形态，对包括中国在内的其他文化产生了冲击，导致文化输入、输出出现了严重的失衡情况，也对其他民族的文化造成了严重的腐蚀。

对此，在实施文化教学中，教师必须引导学生对跨文化交际过程中的平等主体意识加以强化，减少学生对西方文化的盲从，增强学生对中国优秀传统文化的认知与了解，主动对中国传统的文化进行整理与挖掘，吸取文化中的精髓，将中国传统的优秀文化底蕴凸显出来，强调中国优秀传统文化在当今世界的价值。

在文化知识教学中，教师要引导学生遵循“和而不同”的原则，既要对其他文化有清晰的了解，又要保持自身文化的特点，让学生能够向世界展现中国优秀文化的精髓。

在文化教学中，教师要不断培养学生的自信的气度与广阔的胸怀，让学生学会在平等竞争中，与其他国家互通有无，以多种形式将中国的传统优秀文化传播出去，不仅对西方文化霸权主义的侵蚀加以抵制，还能确保中国文化在世界文化中的地位和格局，从而促进世界文化的多元发展。

二、内容系统化原则

文化的内容非常丰富，其所包含的因素至今还没有一个定论，因此在实施文化教学时，教师不能一股脑地将所有文化内容纳入自己所讲授的内容之中。因此，我国的教育主管部门应该组织文化领域的专家、学者，从价值性、客观性、多元性等多个层面出发，对中国优秀传统文化的教学内容体系进行确立，具体包含中国的基本国情文化、社会主义核心价值观、民族文化、节日文化、生活文化等。

三、策略有效性原则

在实施文化知识教学时，教师应该采取有效的策略。具体来说，可以从如下两项入手：

第一，教师要用宽容、平等的心态对中西方文化进行对比，通过对比来鉴别。这一策略就是将中国文化与其他文化进行比照，从而将中国文化与其他文化的异同揭示出来，避免将那些仅属于某一特定社会的习俗与价值当作人类普遍的行为规范与信仰。

在运用这一策略教学时，教师应该对跨文化交际中存在的现实问题进行着眼，以共时对比作为重点，不会考虑褒贬，克服那些片面的文化定型，避免用表面形式对丰富的文化内涵进行取代。也就是说，教师应该引导学生透过现象看本质，通过理性、客观的态度，对不同文化的异同加以分析。

第二，教师要为学生提供充足的空间与机会，让学生感受到中国传统文化的魅力。通过体验，可以将课堂环境与社会环境结合起来，加强文化与社会、学生与社会等之间的关联性，使学生在英语教学情境下不断体验与感悟，从而帮助学生形成文化理解力、文化认知力。

第三节　大数据背景下高校英语文化知识的混合式教学策略

一、为学生制作学习单

为了让学生运用自主学习模式，教师可以从具体的内容出发为学生设计学习单，帮助他们从教学大纲出发，对自己的自主学习活动进行展开。在设计学习单的时候，教师应该将学习内容、学习任务等列出来，学生在完成的过程中，要逐渐明确自己要学到什么，并发现了什么问题，从而实现知识的建构。

二、要求学生进行课外自主学习活动

教师应该将教学内容进行分解，将制作好的视频发布到网络上，引导学生制订出符合自己的学习计划。学生一方面可以利用学校提供的平台进行自主学习，另一方面还可以选择学习任务与内容。在选择时，学生应该从自身的知识情况出发，不仅要保证与自身需求相符合，还要保证自身对新知识能够吸收，实现新旧知识的融合和内化。

三、组织学生完成课内展示和谈论

学生完成了自主学习之后，教师在课堂上展开教学，当然不是教师主讲，而是教师指

导、学生展示学习成果，学生之间、师生之间针对学习情况进行探讨与交流。显然，教师不再是教学的主体，而是充当了指导者的角色。与此同时，学生也能够积极参与其中，成为主要的知识建构者。

当然，课堂教学的形式也多种多样，一方面可以为学生提供展现自我的机会，分享自己对文化知识的掌握情况；另一方面也为学生提供了交流的平台，彼此探讨中西方文化，使他们真正地理解与接受不同文化之间的差异。

第五章 大数据时代下高校英语混合式教学的实施与优化

第一节 大数据背景下高校英语混合式教学的实践

一、大学英语混合式教学分析

（一）教学对象分析

首先，培养大学生解决问题的能力至关重要，正如独立、辩证地思考有助于解决个人和家庭问题，解决问题的技能可以帮助学生解决未来工作中的很多问题。最终，我们的目标是帮助学生提升各种生活技能。在多样化的课堂，学生的适应性首先始于对教师的适应。很早就有学者建议教师在设计教学课堂和学习策略时，需要考虑到学生的因素，如他们的需求、能力、兴趣、已有的学习体验、不同课程与学习风格之间的关联等。然后，从更宽泛的视角提出学习需求的重要性，在教学方法的设计上需要帮助学生培养现实世界中解决问题的技能，教学内容的设计上要帮助他们成为有教养的人。要想成为 21 世纪的合格公民，学习者必须将“学校技能与现实世界的技能有机结合起来”，才能具有一定的国际竞争力，成为真正的国际化人才。

其次，有必要培养学生的思辨能力和质疑能力。受到十几年应试教育模式的影响，学生习惯靠背诵和机械记忆来应付各类英语考试，而在教学中几乎忽略了学生思辨能力的培养。近年来，学生的批判性思维能力更是被列为学生求职的先决条件。思辨能力并不是全新的一个理念，该能力涵盖了四个部分：了解已有或手头的问题；评价已有的论据并质疑未呈现的论据；考虑对某问题的多种观点和看法；在论据的基础上表明自己的观点并同时能意识到别人的多元化观点。基于此，教师在和学生进行课堂互动时，可有意识地通过提问、主题分析、发散性阐述等形式激发学生的各种思辨性讨论和辩证性思考。

进入21世纪后，随着中国社会经济文化的发展，英语逐渐走进大众生活，成为继续学习、工作就业和出国交流的重要条件。英语学习必须满足学生学习、工作和社会交往的需求，同时还体现了英语应用能力发展的现实性和英语学习现实需求的重要性。可以说，学生在校期间英语应用能力的培养是当前学生发展的现实需求。当前大学英语的学习者，涉及的专业领域广泛，他们具有一定的通用英语能力，但学术英语和专业英语能力低下。一方面，英语作为交流媒介的作用日益突出，学生迫切需要利用英语来满足他们进行学术、专业交流和写作的需求；另一方面，他们普遍认为其自身的英语能力远不能适应当前目标环境提出的要求，如撰写毕业论文摘要、学术报告或是学术论文。

（二）教学内容分析

英语作为高校的一门学科，首先，不少大学英语教师却仍延续初、高中的应试教学法，英语知识的灌输、死板的单词记忆、句型语法的操练、基于经典范文的背诵写作等构成了大学英语教学中的重要内容；其次，为了满足学生“找一份好工作、考研、顺利通过CET4和CET6、出国留学”等需求，在当今的大学课堂教学中，不少老师侧重英语的实际运用，但考试内容单一，考查内容浅显，忽略了学生真正的学习兴趣。所以，在大数据教学环境下，我们应适当增加考查学生思辨能力的教学内容，让学生在英语学习的过程中能探讨、分析、推理或评价学习中的各种问题。此外，当前的教学太过目的化，缺乏对学生学习兴趣的培养。而兴趣又是最好的教学内容。在积极训练学生发散性思维的过程中，教师可进一步挖掘问题背后的深层次内容，让学生体验课本之外的学习乐趣。

英语作为外语教学有两大类内容：一类是通用英语（EGP），即除了打基础和应对考试并没有具体目的的英语教学；另一类是专门用途英语（ESP），即为特殊目的服务的英语教学。由于各种原因，在我国很多高校，通用英语一直是大学英语教学中的核心内容。大学英语教学很少涉及学科专业内容，教学内容主要围绕日常话题，内容重趣味性和情节性，难以实现真正为专业服务的目的。教材是当前大学英语教学急需改革的内容。传统的老教材已经远远不能满足大数据时代的学习要求。当前很多教师不习惯引入新的教学内容，更不会为了满足学生的学习需求，引入与学生现实生活密切关联的教学内容。因此，学生很难在有效的社会生活环境中进行语言操练，对社会文化知识的摄入也非常有限。

高校的大学英语教学质量与教学改革应以培养学生的专业水平和国际化交流能力为主要内容。对于诸如我校这样以理工科专业学生为主的学校，大学英语教学尤其需要在基础英语中融入简单的专业知识，以提高理工科学生英语学习的知识性、趣味性和实用性。结合当前的教学内容，便可发现，教学内容与学生的学习需求严重失调。当前很多高校仍使用陈旧的教学素材，因为技术的引入，教师只是单纯地改变了授课内容的环境而已，并未实现真正意义上技术与课程的整合。

（三）教学环境分析

教学环境是指一个“教与学”发生和发展的环境系统，受到多种因素的制约。在大数据时代，教学环境被赋予了新的内涵和特征。能否创设有效的教学环境直接关系到学生的整个学习活动，因为高效的学习环境可激发、推动、强化学生的各种教学行为，有利于学生知识的掌握、学习成果的巩固、个性和才能的施展及多种技能的提升。

1. 教学环境的功能和设计

教学环境需要教师考虑具体学情和其他教学要素的影响，需要服务于多种教学目的，如情感目的、实用知识目的、行为变化认知目的等。信息技术在英语教育中广泛应用后，计算机网络学习环境已经成为影响学生发展的一种重要学习环境。但是，由于在环境建设和维护运行方面存在诸多问题，导致这些花费巨资建立起来的网络环境、投入大量精力开发的网络课程、费尽心思构建的网络学习社区等的应用效果并不理想。

一个有意义的网络学习环境是由许多因素（如校方制度、教学法、技术支持、评价方法等）构成的，这些因素既相互关联又相互独立。网络学习环境是指在使用互联网的过程中，用来支持、组织学习过程和促进学习交流活动的硬件、软件和教育内容的统一体。对网络学习环境的定义是一个为了在教学过程中方便教师管理学生而创建的环境系统，尤其是指使用计算机硬件和软件的一种系统，其中包括远程学习。在北美，网络学习环境通常指的是“学习管理系统”（LMS）。

网络学习环境的组成包括网络技术平台、网络学习资源、网上学习社区等一切网络学习系统赖以存在和发展的外部条件。网络学习环境的含义有广义和狭义之分，广义层面是指以网络作为学习场所和学习媒介所营造的学习环境，狭义层面主要是指由应用软件、程序语言等设计的网络交流平台。网络学习生态环境由物质基础环境、信息资源环境、社会环境这三部分组成。物理环境、社会环境和规范环境构成了虚拟学习环境。可以将网络学习生态环境分为物理环境、技术环境和规范环境，其中技术环境包括信息资源环境、交互协作环境、管理监控环境和评价激励环境，规范环境指社会人文环境和情感心理环境。

总之，外语学习所需的环境，应该是一种综合、动态、平衡的环境，它需要具有兼容系统内部各要素的功能，这取自生态环境的特点；也需要具有制约学习活动，使要素互相作用、互相依赖、互相转换的功能，这取自系统论的环境特征；还需要具有影响个体发展的功能，这取自环境心理学的环境观；更需要具有文化促进的功能，这取自教育环境的文化特征。所以理想的外语学习环境应该注重两条基本原则：一是能稳定学习结构，兼容学习要素；二是能制约学习运转，促进个体发展。同时，外语教学环境本身又是一个系统，因为它是由许多互相联系和互相作用的部分（要素）按照一定层次和结构组成并具有特定功能的有机整体。在这个系统中，各教学要素都具有其特定的功能，相互竞争、相互作用、相互依存，形成健康有序的状态。

2. 学习管理系统（网络教学平台）

互联网在高等教育中的应用越来越广泛，特别是教育科技和各种学习管理系统的开发和应用。学习管理系统在高等教育中的应用也越来越广泛，高校的师生甚至自己动手研发该类系统或平台。学习管理系统可以让教育者非常轻松地发布作业、测验以及分享额外学习资源，也可以开展在线课程的教学，提供一对一的补习或教学讨论。目前国内所使用的学习管理系统或网络教学平台主要有：蓝鸽、超星、蓝墨云、Blackboard、Moodle 等。网络教学平台可以将学生、教师以及学习资源通过安全的在线环境联系起来，为教师提供各种教学工具，包括灵活的课程、学习方式、讨论发帖等。

在教学中使用信息技术，教师可以重新设计课程，激发学生参与学习，帮助学生构建新的知识和技能。教育科技特别是学习管理系统可视为课程设计的一部分，扮演重要作用。它们不是老师，而是协调者；它们不上课，而是建立对话；它们不是学生，而是小组参与者；它们不孤立课程大纲，而是将“破碎”和“编辑过”的课程项目压缩到学习单元中。学习管理系统（LMS）是“最典型的 E-learning 学习方式的应用”。网络学习平台或学习管理系统通常用于师生对课程内容的组织以及师生之间的交流，Blackboard、Moodle 等都是典型的平台。这些平台和系统因成本、界面、技术支持等方面的差异，它们在课程项目的管理上也有所不同。其差异也可能是物理位置的差异所致，如 Blackboard 由主办的网站代管，而 Moodle 由 Web 服务器的学习机构代管。

关于学习管理系统或网络教学平台的功能，学习管理系统从很多方面为学习提供支持。第一，基于网络的学习提供了更多同步或异步学习的选择，一旦研发了课程并将其置于网络教学平台，教师就可以选择将所有材料公开或开放部分学习内容。当然，教师只须在选择界面上用鼠标点击即可。第二，基于网络的学习提供了各种形式的多媒体媒介。教师可以发布笔记、作业、音频剪辑、视频剪辑、PPT、教程等，学生在任何时候都可以通过网址进行访问。第三，基于网络的学习为师生提供了更多交流的方式。典型的学习管理系统一般都包括电子邮件、博客、聊天、论坛、讨论、甚至即时的“黑板会话”（师生可划定一个公共区域，向所有可见的人开放）模块。重要的是，学生会感到很新奇，因为他们可以以这种方式和其他同学随时进行讨论。而这样的互动在传统的大教室是无法实现的。第四，教师可以收到各种各样的评估。基于网络的作业可呈现各种形式，如单选题、判断对错题、简答题、论文、匹配题等。而且这些评估项目的分数会在学习管理系统上第一时间显示出来，学生也能在第一时间看到自己的学习情况。第五，教科书的出版公司可为学习管理系统提供畅销教科书中的“经典模块”，所有这些经典内容都可以在系统中提前预设好。在上课前，教师只须在系统中简单地加入相应的课程模块即可，不需要再花数个小时去准备课程材料的发布工作。最后，基于网络的学习为教师提供了一个发布课程学习效果的有效方法。

学习管理系统不仅仅只是一个发布学习内容的系统。除了为老师和学生提供所需的在线教育科技，它们还可以创建课程公告、显示作业和成绩、上传教学讲稿和文件、增强沟通与协作、开展同伴学习、创造灵活的 E-learning 学习经历等。在课程中使用学习管理系统时，老师和学生一般会考查课程安排和设计、系统自带的工具和模块特点、学习共同体的扩大程度以及个性化特点等。他们还进一步提出了这四大维度的具体标准：课程设计主要考查教学材料的更新程度和有用度，以及材料的丰富性、多元性、实用性等；系统设计主要评价系统的使用是否便捷、网络是否稳定、E-learning 平台是否有质量保证；学习共同体的目的是了解交互是否容易、信息或数据的分享是否容易、学习体验的分享是否便捷；个性化主要是考查系统是否具有记录学习历史、规划学习进程、灵活选择学习材料以及评估学习成效的功能。因此，为了更充分、合理地利用混合式学习平台，即学习管理系统，有必要了解系统或平台的具体模块和功能特征。

混合式学习在高校和企业中已经成为非常流行的学习趋势。很多高校都为教师提供各种学习管理系统，方便教师组织和传输课程内容。国外也有不少研究证明学生对学习管理系统持积极态度，特别是对系统保证学生有序学习方面的认可。在课程建设上，支持慕课、精品课、视频公开课、微课等各种课程模式，且具有强大的富媒体编辑器。

学校良好的教学、科研条件为不断推进混合式教学改革奠定了坚实基础。这里一方面是为了全面展现教师在应用学习管理系统进行混合式教学的过程；另一方面，试图了解教师在选择使用或不使用学习管理系统时所折射出的各种教学信仰和教育理念。有些教师在使用信息技术和学习管理系统后会反思他们的教学理念和教学法。甚至有一些教师的教学法直接出自他们的混合式教学实践。对于学习者，他们对基于混合式学习的课程构建和设计有更为宽泛的认知。在教育技术背景下与学生学习密切相关的五种社交媒体素养，即注意力、参与、合作、网络认知和关键性消费。教师在使用教育技术和学习管理系统时，可能会围绕这五种素养组织教学方法，因为这些素养符合教学立场和课程设计。这些信息化的技能和素养不仅相互关联，还让教师开始反思它们在提高学生参与度和课外学习积极性方面的作用。

二、基于网络平台的大学英语混合式教学实践

（一）教学设计

英语教学主要围绕课堂线下学习（主线）和E-learning线上学习（辅线）展开，分两学期完成。上课前一周，教师上传单元学习视频及相关资料，让学生课前导学，完成视频的学习。课堂教学的第一节课主要通过互动式提问、教学游戏等形式检查线上学习内容，教师点评学生的视频观看情况，并补充讲解视频中的疑难点；第二节课进入课堂的互动式学习，通过文本的剖析加强学生对线上学习内容的理解。课堂教学除了课本内容和基于网络平台的学习内容，还引入了一小部分基于网站的报刊内容。课后一周，学生主要完成基于单元学习的平台作业（主要以词汇题和阅读理解题为主），并就所学的线上内容在平台上与其他同学和老师进行互动交流。总之，课前、课中和课后这三个教学环节环环相扣，线上学习和线下学习相辅相成。与普通班的不同之处在于，混合式教学模式下的班级在大学英语课程学习中，既有通过网络学习资源进行的讨论，又有传统方式的课堂授课和小组研讨，大大减少了教师在课内的教学工作量，便于有效教学的开展。

在教学活动的安排上，努力将课堂活动和在线活动有机结合并创建多元化的学习活动，如课堂讨论、在线讨论、单词竞赛、作品展示等。具体可分为以下几个模块：①课堂讨论和在线讨论相结合。课堂讨论主要围绕在线学习内容以及课文主题展开，课堂讨论中无法深入展开的讨论，努力将其延伸至教学平台的讨论区中；②课堂作业和在线测试相结合。一方面，教师通过设定开放时间督促学生完成网络教学平台上的基本单元测试；另一方面，教师将重点内容的测试延伸至课堂，通过阶段性测试、游戏、竞赛、小组任务等形式测试学生的掌握情况。

（二）教学实施

依托泛雅网络教学平台（又称E-learning学习平台），开展了两个学期的混合式教学

实践。该平台是集各种网络课程形式和网络教学模式的一体化平台，可进行全面的大数据统计分析。

（1）课程统计：有学生的任务点统计、讨论帖子、在线学习的学生人数、成绩管理、本月访问次数、章节测验、考试、章节资料、高级统计等。

（2）每个任务点的统计数据涵盖：任务点的内容和类型（视频、作业等）、学生完成数、具体的作业详情。

（3）视频播放情况的详细监控：观看次数和观看总时长等。该网络学习平台囊括了对课程访问、学习情况以及成绩的全方位统计。基于泛雅网络教学平台的混合式学习，不仅可通过平台自身对学生的线上学习进行有效、多元、灵活的评价，还可通过线下课堂的教师点评和反馈了解学生获取知识的方法、路径等。

教学实施过程包括课前导学与自学、课中教与学、课后延伸与拓展三个环节，环环相扣。在教学实践中，依托网络教学平台，立足一个中心（学习者学习），把握教学四个环节（教、学、管、评），落实六个要素（开放教育环境、个性化自主学习、教育者导学、网络平台资源使用、一体化的教学管理、形成+终结的考核体系）。

（1）课前导学与自学阶段。学生在该阶段主要完成对教学单元主题和知识点的初步认识和理解。一方面，教师需要准备充分的教学素材，如线上教学的视频和词汇作业、线下教学的单元内容和新闻素材、微型资源的建设、教学目标的制定、作业和任务的发布等。另一方面，学生需要在自学教学素材的基础上，提出问题，并将学习的情况反馈给教师。

（2）课中教与学阶段。该阶段不仅需要教师的课堂传授，也需要学生积极地参与学习，主要的环节包括课堂测验、教师点拨、任务操练、学生讨论等。教师不仅需要测试学生对在线内容的学习效果，特别是检查学生对单元词汇等知识的掌握情况，还需要充分利用课堂宝贵的时间引入新闻的学习。测试完毕后，教师需要对重难点进行概括和梳理，帮助学生深度理解和掌握所学的知识。任务操练主要针对知识难点、知识运用和教学新内容而设定。教师须根据学生学习特点，通过案例分析、小组合作、抢答竞赛等各种任务型学习方法完成对所学知识和难点知识的内化过程。

（3）课后的延伸与拓展阶段。该阶段仍须依托网络教学平台协助完成。教师除了在课堂给学生布置拓展学习任务，让学生学会知识的应用能力，还要在平台上继续监督学生完成在线反馈和讨论，并下发新一轮的学习任务。在生生互动、师生交流的基础上，教师做最终的教学总结和反馈。

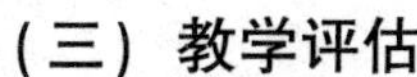

（三）教学评估

教学评价是根据教学原则和教学目的，利用一切切实可行的评价方法及技术对教学过程及其预期的效果给予价值上的判断，以提供信息，改进教学和对被评价对象做出某种资格证明。目前，很多高校为了更好地促进课程建设与全面发展，积极推进课程评价与测试体系的开发和实施。大学英语作为一门教育部指定的高校公共基础课，在课程设计、教学方法和手段、教学内容、评价与测试、教学管理、教师发展等各个方面的研究和实践也与日俱增。

教学评价除强调对学生综合能力及教学体系的全面考查外，还重视评估结果对学生、教师以及其他相关者的作用。教师通常会使用形成性评估和终结性评估来考可学生对所学内容的掌握情况。形成性评估一般是在教学开展的过程中进行，且关注学习者取得的任何进步和发展，而终结性评估则在教学结束后进行，注重最后的成绩。可以说，过程性评估对教师和课程设计者非常重要，因为教师可以不断获得教学反馈，并根据教学反馈及时对教学做出相应的调整。对混合式教学模式下的学习过程，考核以形成性评估为主，鼓励学生加强平时的任务型学习，积极参与课堂的教学活动，努力提高语言的应用能力。在进行形成性考核时可灵活地将考核内容和比例做出相应的调整。以形成性评估为主，终结性评估为辅的考核模式将大大增强学生英语学习的自信心，激发学生平时的英语自主学习兴趣，从而实现英语综合运用能力和“精语言、通文化、懂专业、会学术”的目标。

评价大学英语混合式教学模式下的学习效果时，线上学习的过程性或形成性评估以学生的学习过程为对象，教师通过网络教学平台对学生的表现进行在线评估。教师通过平台的在线统计数据，如课程访问统计、学生学习统计、成绩统计等，找出学生混合式学习过程中的显著问题。

总之，通过对学生“课前在线自学+课堂线上表现+课后线下温故+期末测试”的全过程评价，不仅可以督促学生在各个教学环节积极主动地学习，同时也可以帮助教师更好地监控学生线上学习和线下学习的全过程，便于教师开展教学反思。

此外，为了了解学生在混合式教学模式下的学习反馈，大学英语混合式教学虽有一定的成效，但在后期的课程建设中仍须在混合式教学的内容设计、实施过程、校方管理等方面进一步优化。值得注意的是，课堂教学中所占比例很小的新闻教学受到了大部分学生的肯定。

（四）资源开发

在一线教师以人文主题为主要教学内容的多年实际教学经验的基础上，结合当前多数高校大学英语的信息化教学现状，借力泛雅网络教学平台，逐渐萌发和形成了这样一个教学理念：建设由课程教师和学生设计上课的系统化、立体化的教材资源。当然，自主研发的教材可以是数字化的立体教材，也可以是传统的纸质版素材。

1. 教师的资源建设

在建设大学英语精读课程的教学资源时，可以尝试用新闻报刊和文化故事丰富当前的课程内容。新闻报刊主要是让学生能接受学术和专业英语素养的熏陶，为以培养“专业型英语人才”为目标的教学创新改革方案提供一种小小的路径。文化故事的目标是培养学生的人文关怀和情怀。基于自建网的教学资源建设可凸显以下几点内容：

（1）保证教学内容的时效性和前瞻性。自建网所选的文章来自国内外权威的英文报刊网站，因为报刊文章具有很强的时效性，不仅能拓宽学生在所学领域内的视野；同时，也会大大提高学生的英语学习兴趣，为以后的专业学习奠定一定的基础。自建网中的专业英语课程模块可涉及不同专业的学习内容，目的是让学生了解各自专业的新动态，积累专业英语的词汇和表达，激发他们大量涉猎国外科技文章的兴趣。教师通过创建专业英语的课程，在线管理学生的学习记录，帮助学生积累专业英语词汇和语篇框架，并在每个模块中实现师生、生生互动。

（2）做到课内 EGP 教学与课外 ESP 自主学习相结合、第一课堂和第二课堂相结合。课堂内引入的报刊教学可通过自建网进行后期的教学管理和跟踪。课堂内，在开展通用英语教学的同时，可将自建网上的专业英语自主学习延伸至课堂内进行互动式的讨论交流。因此，在学习模块的设计上可创建“学习论坛”“作业在线”“兴趣小魔班”“教学资源平台”“相关网站链接”等板块。基于自建网的学习打破了传统课堂以教材内容为主的教学形式，极大丰富了学生的学习内容，真正让学生体会到学有所用。学生也可将平时的专业英语学习文本和视频上传到“学习论坛”分享栏目中，同学之间互相分享、点评或是提问，教师也可不受课堂时间的限制进行答疑。可以说，自建网的教学可实现教师按需教学的要求，极大地丰富了基于网络教学平台的混合式教学。

（3）实现对教学内容的不断完善和教学模块的不断拓展。一方面，教师可根据学生的学习情况以及教学需求，不断完善自建网的专业英语文章，如增加法律、财经、传媒等文科专业领域的素材。在学习内容的设计上，可以从提高学生的基础 ESP 语言技能向翻译或撰写学术小论文过渡。另一方面，教师结合每个阶段的课程目标，随时对自建网上的学习模块进行增减。例如，如果前期课程目标是帮助学生掌握基本的阅读技能，如跳读、略读、仔细阅读、泛读等，同时希望学生能读懂篇幅较短的科普文章（和专业有点关系，但是一般针对无专业背景的学生），教师可考虑在自建网的“书卷管理”模块创建相应的新题型。此外，在自建网的论坛模块可为学生提供信息共享的平台，鼓励学生在课外进行专业英语的课外阅读，并将阅读文章、读书体会、读书笔记等任何形式的学习记录上传至该模块。

(4) 增强人文关怀和文化意识。在培养学生专业英语素养的同时，在自建网创建“文化探索”模块，目的是加强理工科学生较为欠缺的文化意识和人文素养，帮助建立“精语言、通文化、懂专业”的课程体系。文化探索模块可将文字、图片、视频相结合，选取西方家喻户晓的神话传奇故事作为学生的文化拓展学习资料。“故事阅读”环节主要帮助学生了解故事梗概；“视频观看”环节将学生学习与视频观看相结合，可大大增强学生的学习兴趣；“课后拓展”环节旨在引导学生在课后通过图书馆、互联网等进行深度阅读。

2. 学生的资源建设

课程资源的建设还包括学生的学习资源建设。以学生为主体的资源建设可促进教学质量稳步提高，构建以学生为中心，以学习产出为导向的教育教学模式。学生学习资源的建设可针对学生课程学习成果和实践活动的学习成果，以学习产出驱动课程活动和实践活动。各个高校可结合本科专业的培养计划要求，利用信息技术和新技术创建基于学生学习成果的资源库。授课教师可结合自身的教学实践经验或实践活动指导经验，将学生的学习成果纳入到学校的教学资源建设中。

授课教师可尝试建设基于学生英语学习的各种资源，如基于教学视频的观后感微课、基于批改网的新闻语篇翻译和毕业论文摘要翻译，以及在课堂教学中引入的新闻报刊阅读成果等。新闻报刊的学习资源建设适合有一定英语基础的新生（高考英语成绩一般在 110 分以上），或者已经完成大学基础英语课程，达到一般要求的学生。例如，根据不同的专业，以国内外英文报刊为选题来源，选定新闻教学文本。学生结成小组团队，根据所给材料在课外进一步搜索相关资料。每个学生在完成一定数量文本阅读的基础上，以小组为单位，在课堂做简短的学习成果汇报，具体学习内容包括：①大体了解和专业相关的发展动态和信息；②专业英语的词汇；③专业英语文本的语篇特点；④专业英语的翻译技巧。通过一个学期的学习后，学生在课堂或课后的文本学习中积累了不少专业性较强的词汇。学生通过掌握专业领域内的常见专业词汇，提高了查阅、理解和翻译相关专业文献的技巧与能力，同时初步了解了英文科技论文的语篇结构及撰写思路。以学生为中心的 ESP 学习不仅能提升学生的语言应用能力，还能培养学生的信息获取技能和自学能力，帮助学生建立终身学习的理念和能力。小组型的学习方式也有助于培养学生团队合作能力和资源整合能力，为获取专业信息、掌握学科发展动态、参加国际学术交流等奠定良好的基础。

第二节　大数据背景下高校英语混合式教学的优化

一、高校英语混合式教学的优化概述

针对在线教学活动的设计与实施、教学资源的开发和利用，不少国家还专门制定了在线教学和资源标准等来规范信息化的教学活动。比如，有些国家使用有偿付费的形式鼓励教师研发优质的教学资源。为此，校方管理方是否可以考虑给予教师一定的经费资助来鼓励教师形成团队开发教学资源。这样，通过尊重教师的劳动智慧成果，提高资源开发的效率。当前很多学校的信息化教学未能达到预期的效果，有很大一部分原因是教师无法熟练地使用计算机技术。很多教师将使用计算机软件与用计算机进行教学混为一谈，因此忽略了计算机教学法，只重视计算机技术层面的培训。可以说，教师信息技术能力和素养的培训是很多高校需要解决的一大难题。如果高校不提升教师的应用技术能力，那么新技术不可能得到充分利用，创新的模式与方法也不可能在短期内形成，学校的资本投入与产出就不成比例。当前混合式教学中暴露出的各种问题需要重新对各教学要素进行界定，并对不利于混合式学习的教学要素进行优化，尝试提出一些可行的优化策略。

二、高校英语混合式教学设计

如何培养学生对知识的整合、评价和运用能力，使学生终身受益，是每个外语工作者的重要教学任务。因此，在优化混合式教学的过程中，教师应有意识地加强对学生这些高阶思维能力的培养。教师需要反思是否构建了全面的学习系统，为学生提供操练和实践的机会。同时，教师需要培养学生解决问题的能力，即学生需要在已学知识的基础上，能将旧知识灵活迁移到新的知识或新的环境中。

（一）外语学习的需求分批

1. 研究设计

ESP 教学将被大范围地纳入到各高校的大学英语教学日程，目的是培养围绕学业、学科研究和创新创业进行交流的语言能力。ESP 强调学生的学习目标和优先能力发展的需求，对 ESP 的学习对象而言，他们或许在大学学习或在企业工作，但也可以是中学生，他们或许要有基本的语言基础，但也可以是初学者。

网络时代的学生有着独有的特点，他们一般很有主见，自主性较好，对很多事物都怀有一颗好奇心。当前大学英语学习的群体，专业覆盖面广，擅长信息技术的使用，但不管是文科专业还是理工科专业的学生，通用英语能力都普遍较低，而对学术英语和专业英语的需求很大。一方面，他们对外语的交流媒介和信息表达动机增强，迫切需要利用英语来满足他们进行学术、专业交流和撰写的需求；另一方面，他们普遍认为其自身的英语能力远不能适应当前目标环境提出的要求，如撰写毕业论文摘要、学术报告或是学术论文。

2. 教学建议

目前的大学英语教学现状是本科生的学术英语或行业英语教学令人担忧，学生在专业课上做四六级的模拟题，过关之后，英文文献读不了，英文论文写得一塌糊涂。大多数大学毕业生的英语水平只能对付日常生活交际，很少能够读懂自己专业上的文献，更少能够用英语开展自己的研究或工作。针对没有任何 ESP 基础的大一新生而言，寻找适切的材料在教学过程中显得尤为重要。

基于 ESP 需求分析，从报刊材料入手，因为英文报刊或传媒英语有利于提高学生的各项语言技能和媒介素养，同时也是构建语篇意识、提高学术写作很好的教学素材。通过不断训练他们掌握专业报道所富含的逻辑性思维、批判性思维、创新性思维、比较性思维等，最终加强学生在本专业的语言运用能力。鉴于当前很多院校未给大一新生开设 ESP 课程，教师可考虑将 ESP 教学文本作为课堂教学的一种拓展阅读或深层次阅读材料使用，且选取的材料必须符合学生学习特点，学生确实“愿意学”“有所学”。如国内报刊 China Daily 在用英语介绍国内外各个领域的发展状况时，有非常可靠、官方的消息源，用词上也有其自身的特色，浅显易懂，也非常适合低年级的本科生。国外报刊 Science 为全世界最权威的学术期刊之一，是研究论文、综述等不可或缺的素材。Science 的文章覆盖面广，难易度不一，尤其适合理工科大学生使用。

（二）试学习

试学习是确保混合式教学有效与否的重要阶段之一。通过试学习，学生可以了解学习的整个过程，学校和老师也可以清楚地了解每个新生的学习风格。试学习的形式可根据高校各自的具体情况开展，如小班化教学的高校可通过班级论坛的形式提供课程的信息。通过学习后，学生需要对自己的学习进行评估，反思自己在自我认知和技能提升上的变化。通过试学习，教师也可以结合学生的强项，更好地传递教学内容。

在进行教学介绍时，教师应做好相关教学准备并制订合理的教学计划。将同一个学院的学生划分为A、B、C三个不同英语水平的班级。因此，一个自然班中一般会有三个以上专业方向不同的学生，所以在进行任务型的教学时，将同一方向专业的学生分为一组更为适切。进行课程介绍时，为了让学生对大学英语课程有一全面系统的了解，教师需要把英语课程提升到一个课程体系，然后将课程体系内分为基础英语、专业英语和学术英语三大模块，进行同步或异步教学。基础英语教学阶段主要目的是为学生打好语言基础（以目前所用教材为主），加强学生的各项读写译英语技能；专业英语教学阶段则要求学生掌握各行业职场活动中共同的英语语言交际技能，并根据学生所学专业的需求，让学生进行专业技能的自主训练；学术英语教学阶段主要要求学生学会检索和查阅专业文献资料，为他们以后的学术毕业论文写作、阅读各类英文文献以及参加各类专业性的学术国际大会奠定学术语言基础。

在混合式教学实践之前，学校需要为学生提供必要的技术培训。不少教师已经深切感受到，如果不对学生提前进行信息技术和网络平台的培训，学生就很难迅速融入课程的学习。因为在开展混合式教学的过程中，首先需要对学习管理系统或网络教学平台进行了解，包括平台的功能介绍和使用说明等。在介绍学生客户端的使用手册时，需要让学生了解系统的登录流程、每门课程的学习空间情况等。在介绍时，教师须要特别指出容易被忽略模块的使用说明，如泛雅网络教学平台的“参与讨论”模块，教师需告知学生在学习页面的右侧发起讨论，查看或回复混合式教学老师、同学的任何留言。如学生需要留言，须填写讨论的标题、内容，不仅可添加附件，也可以选择讨论的章节范围，最后点击“发布”便可完成发起讨论的操作。此外，在学习页面的右侧点击“通知”，即可查看最新的通知。在学习页面的右侧点击“同学”，即可查看与自己同时学习这门课程的同学。其次，在介绍课程学习时，需要学生提前了解学习的一些新特点，如在学习过程中可以随时与同学或老师进行讨论，学习过程中还可随时添加自己的学习笔记，体会，心得，方便日后温习时查阅。关于作业，学生进入相关页面后，便可根据老师布置的作业完成相关问题，作业完成后点击提交，等待老师批阅即可。在统计页面学生可查看自己的学习进度情况。

预测阶段需要教师摸清概况。首先，了解班级概况，如授课学生多数为环境工程、通信工程、电子信息、数字媒体等专业，虽有一定的英语基础但普遍对英语兴趣不高。教师在了解学生概况时还发现有些学院规定大一新生不能自带电脑，这就需要教师在以后的教学中考虑混合式教学的可能性和条件。同时，了解到分层次教学后，一个班可能有数个专业方向不同的班级组成，团队合作有些困难，故可以考虑差异化的个人或团队学习形式。试教学阶段的时间不宜过长。学生了解了教学的整个过程并明确自己的角色后，教师便可转入下一阶段。试教学可以根据班级概况、学生的学习特点等采取灵活多变的形式。

学习成果的验收和评价至关重要，因为教师为保证教学质量，须在此基础上对正式的教学设计重新调整和设计。在验收时，需要了解不同班级在学习、合作等方面的差异、男女生在学习策略的使用情况上的差异、不同英语水平者的学习特点有何差异、学生在混合式教学模式下学习成效如何等。在学生自我评价、问卷访谈等各种调查结果的基础上，教师就可为自己的教学提出不同建议，如多鼓励英语基础薄弱的学生，理工科学生之间多加强交流等。

三、优化教学

基于学习管理系统的混合式学习模式，不同层次、不同性别的学生对混合式学习的态度各有不同，试图了解影响他们不同态度的原因。

不管是哪个组的学生，课程、教师、环境都是影响学生混合式学习态度的重要因素。由此，很有必要从各个方面对混合式学习进行系统化的教学设计。系统化的教学设计理论是基于教育学、心理学和教育技术学等学科提出的，从教学目标、实施教学策略，到教学评价都有一整套完整的体系，科学且合理。系统化的教学设计对促进大学英语教学改革研究，提高大学英语课堂教学质量，促进大学英语教师专业发展都具有重要意义。“如何教”不仅涉及教学策略、教学内容的安排和设计，更是关乎如何创设有效教学系统的问题。系统化的教学设计首先要明确学生的学习需求，在需求调查的基础上，确定教学目标，然后从教学策略等组织和管理教学，最后通过评估检验教学效果。

（一）优化教学内容

如何设计有趣、吸引学生注意力的课程？偏离常规的教学内容往往会在学生的心理占据突出位置，给他们留下较为深刻的印象。如果让学生学习了教材文本以外的知识，学生的兴趣度和掌握度都会大大提高。有趣且吸引学生的课程首先应基于学生所处的环境与生活，或者说，学生所学课程的知识应具有一定的实用性。大学英语教学中呈现的知识也必须具有其校园价值和生活价值。因此，教师有必要为学生创设一些灵活的变式内容，真正做到学生“愿意学、有所学”。

学生对当前的混合式学习内容表现出诸多的不满。从一定意义上讲，对当前教学内容的优化可通过在线学习平台，在培养学生人文素养的同时，大幅度加入学术和专业英语内容，探索以培养“专业型英语人才”为目标的教学创新改革方案。与专业有关的大学英语课程既不是单纯的语言课，也不是单纯的专业课，而是一门将语言应用与专业知识紧密结合的课程。专业英语不仅涉及科技英语的一般特征，又涉及一定的专业内容及信息交流，两者相辅相成。专业英语有别于基础英语的最大不同之处是长句多，专业术语多。因此，教师应围绕专业交流的实际需要，要求学生掌握一定的专业英语词汇、语言特点，培养他们综合运用英语知识和专业知识解决具体问题的能力。

新引入的 ESP 教学内容需要为每个专业量身定做。首先，教师根据自己所任教的班级专业，从国内外权威英文报刊选取合适的专业阅读文本，作为课堂教学的延伸和拓展。从三个维度剖析新闻报刊的价值：第一维度是从报道事件本身来考查新闻的“新”之处，如新闻中所涉及的人物以及他们对人们生活带来的影响；第二维度是参照新闻工作者对事件所持有的观点，新闻价值被视为某种认知，这种认知可以是新闻工作者的某种态度抑或是他们所参照的某种准则或规范；第三维度是剖析新闻形成过程中所涉及的各种材料，包括输入材料（新闻稿、其他相关网站、文本、图片、视频等）和输出材料（实际的新闻报道等）。将这三个维度运用到 ESP 文本的价值衡量中，可做以下尝试：参照第一维度，专业性的学术报道可让学生了解本专业的学术领军人物；参照第二维度，可设计诸如评析或质疑报道中某项内容或某个观点之类的任务，要求学生从各个层面对已有的内容或作者的观点进行佐证；参照第三维度，可让学生进一步搜索报道的相关材料，拓宽信息源，进一步挖掘主题内容。当然，除了时效性很强的报刊材料，学生课后还可以从海量的在线资源中，随时进行 ESP 的英语学习。例如，对于医学专业的学生，最后在撰写学术小论文时，学会囊括以下方面：什么是医学、医学界的成就、医学基本原则、疾病的因与果、基本医学学科、公共卫生健康、医学界当前存在的问题、医学的未来发展趋势和前景等。

其次，结合上文的需求分析，教师在设计具体的 ESP 读写译内容时，可先训练学生的基础词汇解读能力，再逐渐过渡到话语分析、语法形式、体裁分析等较高要求的操练。其中，词汇层面的目标是让学生通过大量的文献阅读收集广泛出现于各个学科的学术性书面文字中、构成较高比例行文文字、在篇章的结构或修辞等方面起重要作用的学术词汇。对教学素材的深度分析，教师可考虑向学生展示专业阅读中的几种主要语言功能：下定义、解释、举例说明、描述、对照等。翻译层面的目标是让学生翻译国外新鲜出炉的与学生专业有关的科普文章或学术报道（以短篇为主），同时要会翻译学术文章的摘要。写作层面的目标是让学生撰写本专业领域内的学术文章，并能质疑已读文章中的作者观点。

当前的大学英语教师仍不可能也无法做到完全脱离教材进行教学。基于教材的通用英语教学，作为当前混合式教学模式下线上教学的主要内容，有必要进行某种程度的改进。由前几章分析可知，很多学生认为，当前的教学视频中缺乏创新和趣味性，基本以词汇和语法讲解为主。因此，教师在制作视频时，不妨以单元文章的语篇分析为切入点，分析教材文本中的语言偏离现象，增强学生对语言的敏感度和兴趣度。在视频制作时，可引入时事热点解析、报刊解读、名人名言的赏析等。关于在线作业，教师可忽略阅读等应试性强的板块，增加字谜题、闯关题等多样化的作业形式。教师也可以考虑从学生出发，让学生制作基于教材的学习视频，再上传至网络教学平台，通过与同学、教师的互动，创建各种形式的教学内容。

（二）优化教学平台

混合式教学资源与平台建设可有效促进线上与线下学习的融合。然而，目前很多院校没有专门的混合式学习平台，很多只是在数字化资源的基础上改造而成，这使得线上课程与线下课程资源的整合缺乏全方位的技术支撑，导致教学效果不佳。当然，很多学校会使用适用性较强的专门网络课程平台，如 Moodle、Blackboard、泛雅等，这种专门的混合学习课程平台能最大限度地实现现有资源的有效使用。随着科技的更新与发展，学习平台的搭建与应用也逐渐呈现多样化。近年来，基于微信公共平台的混合式学习研究也逐渐受到关注。这些新型的学习平台为学生创设了新型的混合式学习环境，使得学生的混合式学习更加灵活、多样化、生活化。

学生对当前的学习管理系统仍有很多的质疑。因此，为保证混合式教学的质量，有必要为学生提供一个多元的混合式学习平台，克服已有学习平台的不足。多元化的混合式学习平台应根据学生的学习进度和特点，实现灵活的同步和异步学习。教师和学生也可自主开发异步学习的方式，如自建在线平台、微信、微博等互动性较强的在线辅助教学手段。例如自建的“魔力英语网”平台是在线课程混合式教学策略和研究的一次实践探索，也是促进学生自主学习能力和批判性思维能力的一次技术尝试。

通过自建网平台，可实现“按需选择”的自主学习方式，克服了已有学习管理系统的一些不足和不便之处。针对大学英语教学中专业英语与文化传授的缺乏而设计出的自主学习系列课件，将专业英语素养与文化素养培养相结合的方式，做到让不同专业的学生可以各取所需，点击自己喜欢的专业文章进行自主学习，克服了已有教学网络平台未从学生实际需要出发的弊端。

目前，学生在使用已有网络教学平台进行学习时，仍有不少问题，也就是说，学生对平台并未留下深刻印象。创建符合学生需求和特点的平台可加强学生对平台的信任度和使用度。总之，对教学平台的优化需要混合式教学的教师结合所教课程的具体特点以及学生的学习风格、学习需求等，努力开发简单、易操作并能真正提高学生学习的多元化在线学习方式。同时，对于基于前一章节中的平台使用问题，校方、技术方和教师等应共同努力解决。

（三）优化教学主体

教学主体的角色、定位等各个环节存在不少问题。在整个外语学习系统中，学生和教师是关键群体，代表校方的教学管理人员和技术支持人员应积极给予支持和服务，使学生和教师发挥最大的潜能，产出最大的效益。可以说，有效的混合式教学环境应包括教师、学生、学校和技术员在内的各个教学主体。只有最大限度地发挥四大教学主体的作用，建立四位（四大教学主体）一体（混合式教学体系）的教学管理，才能提高学生的学习效率，各个教学主体之间才能互相合作、动态共存。

第一，学生的能力应该与计算机功能相匹配，计算机网络和信息技术应成为学生学习过程中不可或缺的有机组成部分。这就需要给学习者提供更多的合作学习机会，让学习者之间通过交流协商共同完成小组学习任务。因为学习者之间的交流、互动和意见综合，既可以丰富他们的语言学习环境，而且可以相互激励，在学习者之间形成良性竞争。大多数的学生利用移动工具进行聊天、基本信息的查询等，很少有学生用其进行实质性的学习。如何加强学生的信息化素养是优化学生这一教学主体的重大突破口。通过调查，学生对于自己的学习目标也趋于一致。例如，大部分学生都认为思辨能力、解决问题的能力、决策力、社会交际能力、独立学习能力、建立正确的价值观等是最重要的学习目标，知识和信息的获取为次要目标。因此，问题式检查、技能操练、团队调查、导向性练习和独立练习、合作式学习等间接教学活动对学生的学习有重要影响。此外，如果能有效设计混合式课程，学生的很多技能都可迁移到终身学习中。在混合式教学中，时间的管理、辩证的思维、正确的表达、有效的交际等一系列实用技能都体现了“真实世界”中的技能在学生的职业发展中发挥着重要作用。

第二，在混合式教学环境下，教师应注重发挥学生的主动性、积极性，培养学生的自主学习能力。教师需要经常布置任务，组织学生自学，并且检查效果。没有这一管理环节，学生会因为惰性而使线上学习效果大打折扣，要特别注重对学生的考查、监督、激励。教师要能够“主动适应大学英语课程体系的新要求，主动适应大数据环境下大学英语教学发展新需要，不断提高自己的专业水平和教学能力”。教师自己应是终身学习者，在加强学生能力和素质的同时，不断提升自己的业务能力。从 20 世纪 80 年代至今，我国大学英语教学改革局限于政策上的调整和课程设置上的改变，即处理大学英语应该“教什么”的问题，抑或是教学工具上的更替，即处理通过什么媒介去教学的问题。然而，在大学英语教师身上下的工夫明显不足。这就需要校方进一步加强师资培训等这一方面的投入工作，注重教师的职业发展和教师的教、察、思工作。很多学校都成立教师小组，每组中的教师通过观察该组其他几位老师的教学后，在讨论、交流的基础上，确定最佳的教学方式。在明确教学目标上，大部分老师认为他们能意识到培养学生批评思维能力、交际能力、解决问题能力和决策能力的重要性，但他们在教学中一般只注重事实和信息的传递，忽略了学生创造性能力的激发，更别说心理活动技能和认知技能的培养。大部分的教学要素都是在备课阶段实现，实施教学时很少灵活地进行教学变通。

第三，对于代表校方的教学管理人员，应懂得如何使该体系的各个层次上下一致，诸多因素互相协调，多种形态协调配合。针对教师的教学，教学管理人员应健全教师管理和培训体制，加强大学英语教师队伍的培养和建设。师资的培养和提高可以通过对教师的培训或加强业务学习和经验交流得以实现。例如，混合式教改实施以来，通过不同渠道，采用学术沙龙、教学促进会、信息化课堂观摩等多种途径提升教师的业务素质和专业教学能力。这些培训与交流活动将有力地促使大学英语教师更新已有的教学理念，学习新的教学模式，运用新的教学方法，掌握信息化教学手段，提高教学能力和水平。管理人员还应加强混合式学习网络平台的建设，保证学生、教师与技术员之间的有效沟通。教学管理虽然繁杂，牵涉面广，但作为管理人员必须持有一个整体观念，既要充分发挥不同层次管理机构和职能部门的作用，又要充分调动教师、学生、管理者三方面的主动性。当前的管理人员可进一步利用混合式学习带来的有利之处，如推广混合式教学课程可减少高校的运营成本等。当前很多教师的培训仍采用传统的方式进行，而教师的职业发展投入可通过交叉培训的方式减少培训成本。

第四，技术员的首要任务是应确保混合式学习系统的稳定。如果系统不稳定，出现学生无法登录、测试系统打不开、学习记录有误差、语音识别不灵敏等问题，都会影响学生自主学习的积极性，并给在线教学管理带来困难。其次，教学设备信息应数字化。通过建立网络的方式，为教师提供一种非实时解决设备维修通道。例如，对于安装软件这样的非实时故障，可采用网络沟通方式（如微信、QQ 等），实现维护流程的简便化和教师选择的多样化。同时，对于学生这一方，技术支持方应设立专门的人员适时、实时地为学生解决各种学习问题，特别是混合式教学开展的第一个学期。同时，技术员还可建立教学服务网，把所有故障处理的情况全部输入数据库，方便教师随时查看故障情况。技术员还可对所有的故障情况进行统计分析，了解故障多发的原因，为教学管理工作提供技术支持。

（四）优化教学策略

每个学生都是独特的，有着独特的需求。不同的社会经济地位、生活经历、文化、民族、语言、学习风格等都是造成学生差异性的因素。多数课堂中可能存在以下五类学生：成功学生，他们任务明确、学术突出、合作力强；社会型学生，他们多以实现个人目标为中心；依赖型学生，他们经常向老师求助，受到老师的激励，同时经常寻求其他渠道的帮助；不合群的学生，他们不愿意学习，有潜在的辍学倾向；幻想型的学生，他们逐渐消失在大环境中，因为老师很少关注或倾听他们的声音。生活在大数据时代的学生，被科技重重包围，各个方面都离不开科技。

为了更好地优化教学策略，教师有必要了解当前学生使用的常用学习方法。多数的学生都能进行自主学习、依托信息技术进行学习或选择其他资料自主学习。然而，通过调查发现，学生对选择性学习、课堂之外的延伸学习以及小组讨论式学习仍很欠缺。为此，教师可通过提供“真实世界的学习”方式，挖掘学生的学习特点，激发学生的学习兴趣。

大学英语是各高校本科学生的必修课，且英语教学质量的好坏直接影响国际化人才的培养。为了适应社会发展和高等教育国际化的需要，需要适时地调整教学目标，改革教学内容与方法，针对不同学生的学习心理和特点制定相应的教学策略，具体可从以下方面进行尝试：

1. 基于国家政策和需求的教学探究策略

作为大数据时代背景下的高校教师，对国家政策和需求的把握直接影响着学生各方面的发展。作为外语教师，更需要在国际化大背景下，捕捉各种有效的政策信息，以适时调整自己的教学目标和方向。例如，当前大学公共英语教学很少涉及学科专业内容，教学文本单一，主要以通用英语型的教材为主，内容重趣味性和情节性，难以真正实现为专业服务的目的。当前，国家大力倡导以学生专业、学术能力培养为目标的英语教学模式学生对当前混合式教学内容的负面情绪也正说明了在当前混合式教学中植入能激发学习兴趣的教学内容非常重要。教师须恰当选择适切的教学文本进行信息化教学设计。例如，教师在线下教学中可适当选取新闻媒体文本，如政治人物的答记者问、外交辞令、美国总统的就职演说等。在问卷调查中，学生也表示希望教师可以增加新闻模块的内容。因此，教师在视频的制作中，可将四、六级的讲解更替为新闻文本的解读。总之，对教学策略的优化首先是让教师学会了解国家政策，结合教学实际和学生需求，勇于探索最有利于学生学习的教学模式。当然，这对教师素质也提出了较高要求，教师须具备将最新的教学发展动态迁移至已有课堂教学中的能力。总之，主动关注、善于挖掘、勇于探索是教师优化混合式教学策略的前提。

2. 基于“做中学”模式的教学手段创新策略

学生对新兴的混合式学习模式普遍感兴趣，但是学习效果一直欠佳，特别是基础薄弱的班级学生。当前的线上教学形式以教师制作教学视频、学生学习视频为主。无论是教学内容还是学习形式，都不能满足学生的学习需求。因此，结合学生专业特点，利用学生的自身特点和特长，大胆鼓励学生结合自己的学习兴趣和专业兴趣，制作适合他们学习的英语视频是突破当前教学瓶颈的重要路径。通过这样的方式，特别是与专业结合的微视频，学生可以深刻了解到本学科的相关信息，如专业的应用、未来发展前景等。同时，将学生制作的视频上传至网络学科平台，供其他同学观看、评论，不仅可拓宽学科知识，而且大大增强了学生之间的交流，提升了学生的成就感和自信心。对于爱表现、个性张扬、富有激情的当代大学生，这种“做中学”的学习模式可有效改善当前混合式英语教学的被动局面。

3. 创建基于多元学习平台的真实教学策略

真实教学关注的是课外真实生活中的知识、思维和技能的展现。由此，教师须在混合式教学过程中增强学生对语言的敏感性，特别是加强基于教材的普通文本学习和 ESP 文本学习。学生在看完视频后，基本不会用于他们的英语学习中。这表明，学生对语言的敏感度还是很低，或者说文本对学生的震撼力还不强。教师可通过人机互动的方式实现文本的交际功能。比如，当前混合式教学模式下，教学视频中可设置一些与学生互动的练习，加强学生对语言的习得。当前，学生的语言输入效果不佳，学生看完视频就没印象。因此，

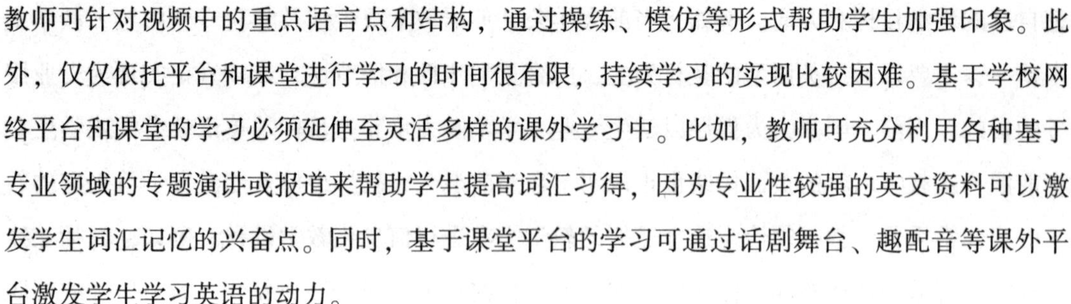
教师可针对视频中的重点语言点和结构，通过操练、模仿等形式帮助学生加强印象。此外，仅仅依托平台和课堂进行学习的时间很有限，持续学习的实现比较困难。基于学校网络平台和课堂的学习必须延伸至灵活多样的课外学习中。比如，教师可充分利用各种基于专业领域的专题演讲或报道来帮助学生提高词汇习得，因为专业性较强的英文资料可以激发学生词汇记忆的兴奋点。同时，基于课堂平台的学习可通过话剧舞台、趣配音等课外平台激发学生学习英语的动力。

四、评估体系

（一）重建多元的评估体系

如何有效评价学生的课堂学习和基于泛雅网络教学平台的在线学习是混合式教学活动中的重要环节。当前，教师对学生的混合式学习表现评价太单一。学习表现不仅体现在作业、回答问题、发帖、小组合作、在线测试等方面，更是表现在学生在自我性格、技能掌握、能力培养上的进阶式变化上。因此，教师在多元评价学生的整个学习过程和活动时，将学生取得的各种进步和变化纳入到“教与学”的最终评价内容中。同时，教师可打通在线评价和面授评价的内容和方式，如将平台交流讨论次数、课程资源的浏览概况纳入到课堂表现中来。评价学生对学习内容的理解是当前最常见的评估形式，而教师往往停留在学生最低层次的学习上，即知识的简单记忆，忽略了将知识运用到新场合的能力。教师不应通过单选题、翻译题等评估形式将教学评估停留在对基础概念理解的考查上。教师可以通过提供学生学习过程中的重要反馈信息来发现学习中存在的问题，并让学生的学习变得更轻松。教师可以从三个层面对学生的混合式学习进行评估：学前评估（主要是教学的预评估或对学生的诊断性评估）、学中评估（形成性评估或学习过程的评估）、学后评估（总结性评估或学习效果的评估）。在预评估中，应根据教学实际指出学生对所学资料产生负面情绪的各种可能性。学中的反馈性评估很重要，学生在知识的摄入、处理知识信息的方式以及展示学习成果的表现上存在很大的差异。学后的效果评估必须及时、具体化、可接受，并且方便学生做各种自我调整。知识和技能的评估不应分离，可通过同伴评估的方式检测教学成效。

在形成性评价上，根据教师和学习对象之间的接触数量，提出了三阶段之说，即一对一评价、小组评价和实地评价。一对一评价是指教师从较大组中选取三个或以上的学习代表进行初步访谈，一般发生在评价的初始阶段，用于发现课程中较明显的问题并了解学习者的反应。在人数增多的小组评价上，评价项目略做调整，主要评价学习者是否可以进行课程的独立学习。形成性评价的最后一个阶段需要在一个与目标人群相似的环境中执行该课程。总之，教师在评价学生的混合式学习时，应注意形成性评估和终结性评估在目的、阶段、教学发展史、材料、评估者角色和成效等方面的差异。教师也可以为模拟游戏提供了形成性评价的具体条款，这些条目通过一定的变通，可用于混合式学习的评价上。具体如下：①检查教学设计是否与设定的标准不符；②检查最终结果评估和诊断性评估是否违背了设定的标准；③检查所使用教学策略的有效性，是否与已有的研究文献不符；④开展面向教师的可行性评估；⑤对学生进行可行的测试；⑥评估教学的有效性；⑦进行修订调整。评价在线教学时，不少教师关注信息技术的使用或技术本身。评价是一个系统的过程，首先需要明确其价值、内涵，同时使用调查问卷、态度调查、测试、访谈、观察、表现记录等工具进行多元评价。

基于泛雅网络教学平台的在线评估，教师在检查学生对知识的习得情况时，可将网上测试题的形式设计成判断题、单选或多选题、简答题等。这一检查可以用在教学之前，也可以用在教学完成后。在教学之前的测试可帮助教师发现教学中需要特别关注的教学内容。教师也可将测验题用于学生自测，学生通过做题发现自己的不足和漏洞之处后，有针对性地通过学习相应章节或其他参考资料进行弥补。在同学互评或学生自评上，教师要鼓励学生之间互相评价，并给出评价的依据和理由。通过这种方式，教师可了解学生对问题的看法。在学生自评上，教师可让学生进行阶段性的学习总结，包括自己的所学、所思、所想、所感。这样的作业评价主要帮助教师了解教学内容和作业设计是否合理。关于在线论坛，讨论是了解学生知识水平、显示学习进步的有效手段。很多时候，教师通过学生的发帖讨论就可判断学生网上学习的表现。而单纯的在线作业形式不一定能给教师提供有效的信息。教师也可考虑建立专门的师生互动区域，让学生发布问题、开展评论或回应评论。课程教师需要对论坛的任何发帖进行监控，并对学生的问题随时进行答复。此外，教师还要充分利用网上教学平台系统的其他功能，如PBL模块，就是开展问题式教学的有效模块，模块本身涵盖了非常完善的评估手段。网络教学平台还为教师提供了创建电子学习档案的模块，教师可随时建立学生学习期间所有作业和项目的个人档案。在线的学习档案袋可以汇集与学生学习成绩或进步有关的各种记录、资料，是记录学生进步、成长轨迹、学习过程的有效方式。

（二）重塑良好的文化氛围

文化是任何混合式学习项目成功的关键，因为混合式学习赋予学生更多的自控性和灵活性，所以文化在其中有着特别积极或者特别消极的作用。如果学生缺少过程和文化的准则去自我把持这种工具（或力量），个人环境的转变会产生事与愿违的结果。文化氛围的重塑不仅包括混合式教学课程中文化的植入，还需要包括课堂文化的建设。

英语能力不是一般的交际能力，而是“参与国际事务和国际竞争”所需的沟通能力，包含对中西方文化的深刻理解以及对相关专业知识的掌握和了解。跨文化交际课程旨在培养学生的跨文化意识，学习所学语言和本族语言的文化背景，了解英语国家文化与中华文化的相同和相异之处，为今后的有效交流奠定基础。社会历史和文化的涉猎有助于学生增强国际理解。为此，我们需要在学科网络平台中融入文化要素（学生也反映当前的教学视频内容过于单一）。

由于美国是一个语言、文化多元化社会，对世界移民有着广泛的接纳度，这种丰富的移民语言与文化，对美国的英语教学提出非常大的挑战，也就是如何来满足不同文化背景、不同语言差异的移民子女的语言教育需求，使他们能够很好地融入到整个社会当中去。美国大学英语教学不是以期末的考试成绩为评估的标准，而是将通过学生在英语教学课堂中的表现来对学习成绩进行评价，比如在学术课堂的英语演讲中，教师主要通过他们的演讲的组织、语言可理解程度、表情、论点的表明等来评估其英语学习成绩。除了将整个教学标准纳入评估体系中，还设置 5C 外语学习标准，这一点尤其值得借鉴。我国大学英语教学的目的之一就是帮助大学生了解国外的文化，促进沟通交流，培养学生对语言和文化本质的洞察力。美国大学的英语教学理念、模式以及标准等经验证明，在我国大学英语教学中，应教育学生认识到我国文化与国外文化的差异，认识到英语是了解他国知识、文化的重要工具。高校英语教学要采用丰富的教学方法，激发学生的学习兴趣，放手让学生应用英语技能，培养英语学习能力，同时通过英语了解西方的文化，了解文化本质与内涵。

文化是一种向着共同目标而一起工作的方式。这种方式被频繁而成功地沿用，以至于人们不会再想去尝试其他方式。如果说文化形成了，人们会自主地去做通往成功的事情。这对于混合式教学课堂环境的建设有着很大启示。不管是校方管理这一方，还是教师这一方，只要发现该模式、该做法是正确的、成功的，那么他们很有可能继续使用这个方案；反之，如证明是失败的方案，学生、教师等都会抵制，负责方就会另寻路径。可以说，这样的组织文化在行为的改变和调整中逐渐形成。比如说，校方制定了让学生和教师普遍接受的混合式教学平台使用安排，那么通过不断地使用该安排，这就形成了一种在线课程安排的文化。如果老师发现了某一种吸引学生进行混合式学习的方式，通过多次使用这种方式，该方式就会慢慢变成课堂文化的一部分。如果学生意识到自己的异步学习存在效率问题，那么该学生就会重新调整自己的时间表，一种文化规范就会形成。文化对于校园的建设非常重要，特别是能解决问题的新方法、新理念、新模式等。如果某种方式被实践证明是运行流畅的，学校就会反复采用此方式，直至变成一种组织文化。该文化便会持续很久。如何塑造文化？教育者可以通过遵从一系列规则，来刻意打造一种文化。定义一个反复出现的问题或任务；摒弃学校现有解决该问题的模式，推陈出新，尝试一些能够改进工作的新方法。

文化在混合式学习背景下有着重要作用。塑造一种让学生能清晰理解、赏罚分明的文化很重要，而且学校如何规划、培训和管理学生与员工，决定了文化的塑造。首先，学校如果想积极地塑造文化，就需要明确教师、学生及其他教职工在混合式学习环境下面临的问题和挑战。在问题的基础上，需要建设一支团队探索成功的路径，克服困难，最后通过正强化来建设这种积极的文化。其次，与传统的面授环境不同，混合式学习环境下同一个班级的学生可能需要多元的学习模式进行练习或实践。这就要求教师提供灵活、多样化的学校文化或课堂文化。教师在塑造教学文化时，可通过创建与预期相吻合的文化逐渐提高学生的混合式学习能力。总之，重塑文化不需要从调整一个巨大的、功能失调的文化开始，而是从单个任务开始，优化流程与工作重点任何时候都不为晚。

五、教学模式

当前，混合式教学已经成为高等院校教学改革的重要内容，基于网络教学平台或课程管理系统的混合式学习模式应用也将为大学英语的教学改革提供新思路。当前平台的在线学习、协作学习、资源下载、小组讨论、作业设计、成果展示、在线测试、互动评价等功能均未完全被利用。“春意盎然正好眠”“手机竟成风景线”已是当前大学英语教学的常态了。教师经常感觉自己教得辛苦，而学生学得无味，导致教学效果不佳。有效教学的要点须包括有效的课堂开场、明确的学习目标、了解学生当前的程度、合理规划教学时间、保持学生的专注兴趣、使用合理的科技或教学资源、检测学生的学习进展，最后也在有效中结束。

BOPPPS 模组是教师进行课程设计的一种模式，也是组织与进行微型教学演练的一个有效模式。

第一，引入（Bridge-in）阶段，教师通过引入《大学英语教学指南》中的课程设置，让学生了解通用英语课程、专门用途英语课程和跨文化交际课程的重要性。同时就课堂内容进行多角度、多样化的学习热身，如线上学习的故事叙述、就视频内容提出主题性问题、与主题相关的吸引人的或不寻常的学生实践等。

第二，课堂学习目标（Objective）的设定须从认知、情感等多维度考虑。当前暴露出的很多混合式学习的问题就是因为很多老师认为教学目标可有可无，对重要性认识不足；或者教学目标过大、不当，边界模糊；或者教学目标定位偏低、偏高，不符合学生的学习特点。教师的教学目标或学生的学习目标反映的是活动结束时学生认知、行为和能力方面的改变，而不是学习的内容。当前的混合式教学模式侧重学生对学习内容的巩固和掌握、应试能力的培养上，在能力提升、认知改变方面则相对欠缺。学习的上层目标侧重应用、分析、评价和创造能力，且这些目标对于学生的学习终身受用。因此，教师在混合式教学中应有意识地加强高阶目标的培养，如从培养学生英语听说读写等基本语言技能，再到跨文化交际能力的培养，逐渐向学术英语能力、专业英语能力以及创新、辩证的复合型能力过渡。有着这样的教学目标，教学才会有利于学生的自我评估、有利于学生获得成就感，增强自信心，从而保持对课程学习兴趣的持续性和发展性。

第三，教学过程中的前测（Pre-assessment）阶段。前测主要是对学生的学情分析，包括学生的英语学习需求、学习兴趣、学习特点、已有水平等。当前的很多混合式教学过程中的问题正是因为教师没有在教学行动之前了解学生的具体情况，只是根据自己的教学进度和内容自行做了教学安排，导致学生的反馈不好。因此，在未来的混合式教学中，教师可通过正式考试、作业、提问、问卷、测验等各种方式进行前测。当然，在大数据的环境下，前测的工具也是多样化的，如问卷星、微信、QQ、蓝墨云班课等。

第四，参与式学习（Participatory learning）。当前的混合式教学中，特别是线上的学习，教师严重缺乏与学生的互动，即学生的参与度和积极性严重滞后。例如，关于视频部分，教师可设计成闯关的模式迫使学生养成主动学习的习惯。关于作业部分，教师可结合当前热点和学生兴趣点，通过破案、配对、填词等形式引入新颖有趣的报刊等材料，供学生自主学习，多开展基于平台的讨论式学习。当前的混合式教学中，学生被动学习的学习内容过多，诸如听讲、阅读、演示等，而主动学习的内容非常有限，讨论、学习实践、生生互教和分享等各种形式的主动输入都会改善当前已有的教学问题。当前外语课堂教学使用了较多的参与式学习策略，比如头脑风暴、单词游戏、角色扮演、辩论、案例分析、合作学习等都是课堂惯用的教学方式。

第五，后测（Post assessment）阶段。该阶段可视为前测的延伸，是另一种形式的学情分析和教学评价。学生反应，他们对自己学到了什么？是否已经掌握？很多教师全然不知。导致该现象的一大原因是教师缺乏教学后测。后测不应局限于对教材知识的测试，而是多方位考查学生在知识理解、应用分析、技能、态度价值等方面的变化。

第六，总结（Summary）阶段。总结应包括对学生学习的总结和教师教学的反思。当前，教师缺乏对自身教学的总结和回顾，每年的教学内容和教学手段都相似，没有保持“与时俱进”的姿态。学校需要为教师提供定时定量的专业知识与技能培训，使教师能够具备新时代英语教学所需的基本知识与技能，顺应时代发展的要求。因此，不仅学生需要知识和技能的提升，教师更是需要以身作则，做改革的领头羊。

混合式教学环境下各教学要素所发挥的功能和作用。学生和教师是该系统中的核心主体要素，与课堂教学和在线学习平台有直接的联系和交互。学校、教学管理者、技术员对教学也有影响，因此同样不能忽视。这些教学主体之间也有着直接或间接的各种关联。在该环境下，学习者对大量的信息进行传递、加工、重组、分解，教师为了保证教学活动的有效进行也需要不断地进行教学的调整和改变。技术和管理支持则从教学资源的淘汰与更新、硬件和软件的投入与流转等方面发挥作用。

人际交往（包括自我、学生和教师之间、学习者之间及与计算机之间）占据着主导性地位，需要不断交换信息和互动。学习过程是一个认知和情感相互作用、统一发展的过程。因此，有意识地对各个教学主体进行激发和调控，有助于情感的平衡和顺畅，提高外语学习效果，促进学习者自身的发展。保证混合式教学环境功能发挥的核心机制是建立相互作用、相互适应的高效教学主体，只有各个教学主体发挥了各自的作用，才能开展支持学习、服务学习、指导学习、启发学习、激励学习、评价学习等多种学习形式。

第六章 大数据时代下高校英语混合式教学模式中的师生与评价

第一节 大数据背景下高校英语混合式教学中教师的角色与专业能力

在高校英语教学体系中，教师、学生、评价都是十分重要的组成要素。长期以来，专家、学者们在英语教学体系的研究过程中都免不了对这三种要素展开分析。在新的时代发展背景下，基于在线课程平台的高校英语混合式教学模式的应用自然也需要对教师、学生、评价这三种要素进行研究。

一、大数据背景下高校英语混合式教学中教师的角色

信息技术影响下的高校英语教学作为一种新兴的教学方式，有效促进了课堂教学效果的提高和教学目标的达成，实现了个性化学习，同时其对教师提出了新的要求，促进了教师角色的转变。具体而言，在信息技术影响下的高校英语教学中，高校英语教师的角色发生了显著的变化。信息技术影响下的高校英语教师角色让课堂更为有效、生动，教师做出了更多的引导和协助的工作，为学生提供了个性化学习感受和多样化学习方式，对英语课堂的顺利实施有着显著的促进作用。

说到角色，一般人会觉得其与身份、地位有关，认为角色是对人们身份、地位的诠释。在当今社会，教师扮演着十分重要的角色，他们以各种方式调动与引导学生参与活动，并引导学生在自己设定的环境中展开探索。本节首先分析高校英语教师的传统角色，进而探究高校英语教师角色的转型。

（一）高校英语教师的传统角色

1. 语言知识的诠释者

高校英语教师是英语语言知识的诠释者，他们在开展课程教学之前，首先必须具备渊博的知识。简单来说，高校英语教师需要对英语专业知识有系统的、全面的把握，并能够从这些知识中分析出语言现象。一般来说，英语教师需要掌握的专业知识包括理论知识、语境知识、实践知识等，这些知识中囊括了语音、词汇、语法、语篇、文化等知识，高校英语教师只有掌握了这些知识，才能解决学生学习中遇到的实际问题，帮助学生提升自我，实现更好的语言输出。

2. 语言技能的传授者

除了英语知识，高校英语教师还需要掌握语言技能，并且将这些技能传授给学生。学生在学习语言的过程中，掌握语言知识是基本条件，而最终目的是为了提升自身的语言技能。一般来说，语言技能包含听、说、读、写、译五项。就语言的发展规律而言，听、说居于重要地位，读、写、译其次，但就外语教育的角度而言，读、写、译居于重要地位，听说其次。这就说明大学英语课程教学的目标是让学生具备一定的读、写、译能力，而听、说能力是实现读、写、译能力的前提与基础。高校英语教师要想能够提高教学质量，熟练地驾驭英语这门课程，就必须掌握这五项技能，并且保证五项技能的有机结合，从而提升学生的语言综合技能。

3. 课堂活动的组织者

无论是高校英语课程教学还是其他教学，课堂活动都是必不可少的一部分。在大学英语课程教学中，课堂教学是其重要的载体与媒介。高校英语教师要想提升自身的教学质量，必须设计出合理的课堂活动，如辩论、对话，对话表演等，这些都是能够让学生参与其中的活动，让学生有真实的语言训练机会，提升自身的语言表达能力。在这之中，学生也会不断加深对英语语言知识与技能的印象，巩固自身的知识体系。

4. 教学方法的探求者

高校英语教师在英语课程教学中不能仅使用一种教学方法，应该承担起教学方法开发者与设计者的角色，创新教学方法，使教学课堂更多样有趣。与其他学科相比，高校英语课程教学具有极强的实践性，因此其与教学方法的关系更为密切，甚至教师对语言知识的分析，学生语言技能的掌握、教师课堂活动的组织等都需要考虑相应的教学方法。

很多学者对英语课程教学进行深入的研究，探索出了很多教学方法，如语法—翻译法、交际法、任务法、情境法等，这些教学方法各有利弊，高校英语教师需要考虑教学的实际情况以及学生的实际水平，选择适合自己的教学方法组织教学，有时候甚至需要多种方法并用，从而达到最佳的教学效果。

5. 多元文化的驾驭者

当今社会是一个多元化的社会，在多元文化背景下，高校英语教师对多元文化的驾驭能力对大学英语课程实施的好坏有着直接的影响，同时对学生的学习情况产生直接影响。多元文化背景下的高校英语教师应该具备多元文化教育观。随着世界逐渐成为一个地球村，文化矛盾必然存在，增进不同文化之间的理解显得十分重要。

在高校英语课程教学中，高校英语教师要明确多元文化教育观。正如班克斯所说，教师应该对教材进行谨慎的选择，消除各种存在文化偏见、文化歧视等内容的教材；选择一些视听材料、课外书籍，对教材加以补充，增进学生对其他族群的认知与了解；选择一些观点上保持一致的教材，避免出现使用一些本身存在认知冲突的教材；选择的教材要避免在概念、教学活动中掺加偏见成分。

另外，很多学生来自不同的地区，出于不同的文化背景，使用的语言也必然不同，因此教师需要考虑不同学生的特色，能够用双语进行转换，这样才能实现师生之间的有效交流。

6. 多元文化环境的创设者

学校的文化环境会对学生的学习产生影响。作为一种社会化机构，学校的目标、功能、管理等都属于主流文化，如果教师不知道如何对学校的教学环境进行塑造，就很难在家庭—社区—学校之间构建一个平衡点，很难让学生适应。因此，教师要努力创建多元文化教育环境。具体来说，可以从如下几点着手：

首先，师生之间要构建信任关系。师生间的人际关系对学生的成绩产生重要影响，文化差异的存在、教师的偏见容易造成师生之间的隔阂与误解。如果师生之间存在这种隔阂与误解，就会对学生的自我观念产生负面影响，让学生受到挫折，甚至孤立无援。

其次，教师要努力构建一种积极的家庭式氛围。教师应为学生提供一个尊重与关怀的环境，让学生领略到家庭语言与文化。教师要对学生的文化背景有充分的了解，不断搜寻相关的信息，并将这些相关信息自然地融入教学之中。

总之，教师只有充当一名多元文化者，才能对学生所处的文化环境有清楚的了解，对学生的文化价值观有清楚的把握。同时，教师只有从多种角度对文化加以理解，才能为每一位学生创造合适的教学策略与内容。

7. 中西文化差异的解释者

在多元文化背景下，高校英语教师充当了中西文化差异的解释者的角色。由于中西方文化传统不同，二者在价值观、思维模式上存在明显差异，而这些差异逐渐成为学生跨文化交际的障碍。

就社会文化角度而言，语言属于一种应用系统，具有独特的规范，是文化要素中的一项重要组成部分。因此，在大学英语课程教学中，高校英语教师除了要教授英语知识与技能，还需要囊括文化背景知识，实现英语知识、英语技能、文化背景知识三者的融合与补充。

就语言文化知识的内容而言，除了要教授本土文化知识，还需要讲授西方文化背景知识。中西方语言文化的差异性主要体现在风俗习惯、思维模式、价值观念等层面，而这些差异性在语言上有明显的呈现，因此高校英语教师应该充当中西方语言文化的解释者这一角色，将中西方语言的差异性解释给学生，让学生在了解这些差异的基础上掌握好英语语言。

需要指出的是，教师在充当中西方语言文化的解释者这一角色的时候，对中西方文化要保持中立态度。文化没有优劣之分，因此高校英语教师在选取素材时，应该尽量选择那些不会对其他文化造成伤害的素材，避免引导学生对某些文化产生偏见，从而使学生对不同的文化有清楚的认识。

8. 本土文化知识的传授者

前面提到高校英语教师应该对西方文化背景知识有清楚的了解，除此之外，他们还应该对本土文化有清楚的了解与认识，甚至需要成为本土文化的专家，挖掘本土文化所蕴含的特色与思维形式。高校英语教师既是知识的引导者，也是文化的传承者，他们应该以一个真诚的面孔展现在学生面前，将本土文化知识融入自己的课堂之中，与学生展开平等的交流，从而为大学英语课堂教学提供更为广阔的空间，同时构建和谐的师生关系。

教师要比其他人对本土文化知识有更敏锐的直觉，对本土文化知识的价值更注重保护与发展，并且懂得如何对学校所处社区的本土文化知识进行挖掘。在大学英语课程教学过程中，高校英语教师应该对学生在本土社会中获取的知识予以尊重，而不是一味地否定或者贬低。教师可以引导学生对本土文化知识与书本知识进行比较，培养学生将本土文化知识与书本知识紧密融合，从而创造出新的知识体系。

（二）大数据背景下高校英语混合式教学中教师角色的重新定位

在新形势下，信息技术迅猛发展，教师在技术、知识上所具备的权威性受到极大的挑战。在新环境下，高校英语教师对于知识传授者的角色是否有新的理解？是否对教师新的角色进行重新定位？教师自身的教学手段、角色观念是否感到不适？教师如何转变自我并适应这一环境？这些问题都说明，教师作为知识传授者的角色应该改变。

传统的高校英语教师所扮演的角色已经很难适应当今社会的需要。在这个多元化的社会，教育具有多样性，他们需要适应不同层次、不同族群人的需求。教师需要作为文化传承执行者的角色展现在人们的面前，他们通过间接的形式逐渐实现文化传递。只有具备多元文化教育观的教师，才能与多元文化社会教育相适应。也就是说，教师不再是知识的传授者与复制者这些简单的角色，而是被赋予了新的多样角色。下面就具体分析高校英语教师角色的转变。

1. 语言单元任务的设计者

要想实现单元主题目标，就必然需要对单元任务进行设计，这是高校英语教师的一项重要任务。学生通过教师设计的这些真实的任务，可以拓宽自己的语言知识面，还能够提升自身解决具体问题的能力。因此，在英语学习中，语言单元训练任务的设计是非常重要的。这要求教师应该在网上设计相应的单元任务，让学生在规定的时间内完成，最后提交完成任务的结果。通过这种方式，学生可以降低自身的压力，让他们愿意参与其中。

另外，通过网络，学生可以根据自身的实际情况选择教师设计的任务，遇到问题时也可以与教师或其他同学进行网上交流，最后呈现自己的作品或观点。显然，这种方式不仅锻炼了学生的英语语言水平，还有助于提升学生的兴趣和积极性，加强人与人之间的交往与合作。

2. 有效主题教学模式的设计者

在新形势下，大学英语课程教学要求教师不断探求新的教学模式与方法。具体来说，高校英语教师不仅需要发挥网络的优势，还需要提升学生学习的效率。对此，高校英语教师在设计主题教学模式时，应该选择学生感兴趣的话题，并且整个教学模式都围绕这一主题开展，以小组合作讨论的形式完成任务，最后提交讨论结果。

当然，由于处于网络环境下，高校英语教师设计的每一个主题应该能让学生在网络上找到丰富的资料，包含这一主题的文化背景与发展动态，然后由学生进行总结与归纳，进而学生在网上进行讨论，这样的设计模式实际上帮助学生摆脱了课本的限制。

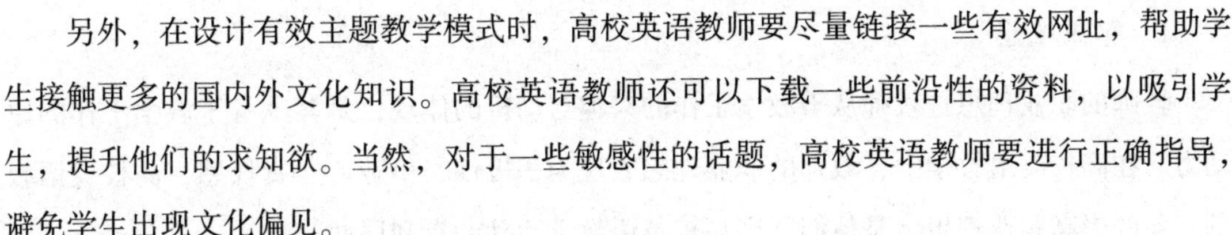

另外，在设计有效主题教学模式时，高校英语教师要尽量链接一些有效网址，帮助学生接触更多的国内外文化知识。高校英语教师还可以下载一些前沿性的资料，以吸引学生，提升他们的求知欲。当然，对于一些敏感性的话题，高校英语教师要进行正确指导，避免学生出现文化偏见。

3. 学生网络学习的帮助者

在大学英语课程教学中，网络能够起到监控的作用。通过网络监控，高校英语教师可以对学生的学习过程有所了解与把握，从而帮助学生实现自己的学习目标。高校英语教师是学生进行网络学习的帮助者，尤其对于差生而言，高校英语教师更是发挥了不可磨灭的作用，他们通过记录学生浏览网页的情况，了解学生是否参与其中，从而清楚学生在学习中遇到的困难，之后帮助学生解决实际的问题。

另外，由于不同的学生遇到的困难不同，因此高校英语教师应该给予分别指导，促进不同层次学生各自的进步。显然，高校英语教师对学生网络学习的帮助更具有人情味，不仅有助于提升优等生的水平，还有助于避免学困生的畏惧心理，帮助不同层次的学生解决不同的问题，真正帮助他们实现有效的自主学习。

4. 在线学习系统的建立者和学生学习过程的监控调节者

网络为学生的英语学习提供了便利，而教师在这之中充当了调控学生学习、提供个别指导的作用，但在这之前，首先就需要建构一个完善的在线学习系统。在这一系统中，有教师与学生两个端口。学生通过填写自己的信息，向教师端提出申请，教师负责审核，使学生加入到这一系统中。

根据在线学习系统的导航提示，学生可以获取自身所需的资料，也可以下载下来。例如，某一在线学习系统可能包含“单元测试”与“家庭作业”两个项目，在“单元测试”中学生可以进行训练与测试，在“家庭作业”中学生可以提交自己的作业。之后，学生可以通过论坛、QQ、微信等与教师进行讨论，实现网上交流。

二、大数据背景下高校英语混合式教学中教师的素质

（一）高校英语教师的基本素质

根据“三层次五成分”教师素质观，从当前高校英语教师的基本情况考量，高校英语教师素质的内涵可以涉及如下几个层面：

1. 职业理想

教师的职业理想是教师从事教学工作的兴趣与动机的体现，是其献身于教学工作的原动力。在高校英语教学中，教师的职业理想表现为积极性、事业心、责任感，高校英语教师具备的崇高职业理想，是他们开展高校英语教学活动的有利层面。

2. 知识水平

教师所具备的知识水平是教师开展教学工作的前提。从功能角度出发，将教师的知识结构划分为四大部分：本体性知识、文化知识、实践知识、条件性知识。

3. 教育观念

教师的教育观念是他们在教学活动中形成的对教育现象的主体性认知，是从自身的心理背景出发进行的认知。一般来说，教育观念包含知识观、教育观、学习观、学生观等。

4. 监控能力

教师的监控能力指的是他们为了保证教学能够顺利实现预期目标，在教学过程中对其进行主动计划、检查与反馈等。具体来说，包括对课前教学的设计，对课堂进行管理与指导，对课堂信息进行反馈。事实上，教学监控能力是教师对其认知的调节与控制，是教师思维反省与反思的体现。

5. 教学策略与行为

教师的教学策略与行为是教师为了实现教学目标，从学生的特点出发，采用各种教学手段展开因材施教。在高校英语教学中，教师的教学策略与教学行为是教师根据不同学生的学习风格与水平差异，创造符合学生风格的课件，采用网络多媒体技术，将自身的教育思想与学生容易接受的方式完美融合。

（二）大数据背景下高校英语混合式教学中教师的素质要求

1. 解读多元文化的能力

在跨文化教育背景下，教师需要具备对多元文化进行正确解读的能力，具体而言表现为如下三点：

（1）多元文化是一种历史事实

不同的文化具有差异性与多样性，这是人类文化从诞生开始所体现出来的一种客观存在。就历史角度而言，多元文化的差异性与多样性是一个不争的事实。就宏观的世界历史而言，早期有古希腊文化，中国有春秋战国文化、隋唐文化、明清文化等。这些都可以说明，历史时期不同，文化自然也不同。因此，多元文化是一种历史事实，指的是在一个地域、社会、区域等特定存在的、相互关联的却又具有独立特征的几种文化。

（2）多元文化是一种政治诉求

多元文化不仅是一种事实存在，还是一种价值存在，是人们在文化上所秉持观念的展现。多元文化源自不同族群在争取平等的经济、文化权益斗争的结果，是一种对经济、文化等平等的追求。多元文化不仅仅限于文化层面，而是包含了不同民族、不同族群的经济、社会等多种概念。

（3）多元文化是一种思维方式

就哲学意义而言，多元文化体现的是一种思维方式，对多元文化的理解就是对多元文化差异性、多样性的承认，并要认识到所有文化都应该是平等的，彼此之间会产生直接或者间接的影响。与之相对的认识就是对客观世界的认识，人们对其认识不应该从单一的角度出发，而应该从多个视角来认识和理解。多元文化这一思维方式打破了传统的一元思维方式。

因此，多元文化不仅是一种历史事实，政治诉求，还是一种思维方式。教师应该对多元文化进行正确的解读，从多样的视角对不同文化予以尊重，学习与理解，不能毫无保留地全盘接受社会主流文化，对其他文化全盘否决，应该批判地看待不同文化。因此，教师在对多元文化的解读中应该持有平等、公正、多元的理念。

2. *以学生为中心的教学意识*

在传统的高校英语教学模式中，教师在课堂上占据绝对的主体地位，他们是教学活动的掌控者、组织者，学生是被动的参与者。在这样的教学过程中，教师也不会意识到不同学生是存在差异的。即便有少数教师注意到了这一点，大多数教师也会忽略。

实际上，在大学英语课堂中，所有的学生形成一个多元文化语境，他们来自不同的地区，具有不同的成长背景，这就使得他们有着不同的接受能力、不同的思维方式等。如果教师对所有学生都一视同仁，那么必然会削弱学生学习的积极性与主动性，也势必会导致教学效果不佳。

在跨文化教育背景下，教师应该“以学生为中心”，教师自身的角色也应该发生改变，从原本对课堂的控制者转变为对学生英语学习的辅助者，同时对待每一位学生都应该持有平等、公平的姿态。教师要认识到不同学生的文化差异与多样性，对不同的学生采用不同的方法，使学生成为教学的主体，展现自身的个性，从而更好地在多元的环境中习得英语这门语言。

3. 大数据时代下的信息素质

随着科技的发展，人们认识到人才的高素质是一个民族强大的动力。在所有素质中，信息素质非常重要。因此，很多高校都十分重视学生信息素质的培养。但是，对于中国而言，信息素质教育起步较晚，直到教育信息化的实施，才在一些好的学校开设信息素质教育。对于在职的教师而言，信息素质教育根本未得到应有重视，甚至有的教师都不知道信息素质的含义。很多资料表明，我国高校教师的信息素质早已无法适应当今教育信息化对高等教育发展的需求，与发达国家相比，存在巨大差距。

三、大数据背景下高校英语混合式教学中教师的专业能力发展

信息技术影响下的高校英语教学对教师的专业能力提出了更高层次的要求，如何实现教师的专业化发展逐渐受到了人们的关注。下面就从几点来探究信息技术影响下高校英语教师的发展途径。

（一）实行专业引领

当前，我国的高校英语教学在不断革新，先进的理念需要有骨干、研究者的带领，才能促进自身的专业发展。一般来说，教学专家、资深教师等都可以起到专业引领的作用。普通高校英语教师要向他们学习，接触先进的思想与经验，从而推动自身的专业化发展。

1. 专业引领的要求

其一，要将专家与普通教师的积极性与能动性发挥出来。不同的引领人员，他们的侧重点必然不一样。专家一般注重理论，因此在引领上注重理论与实践紧密结合。骨干教师侧重实践，因此在引领上注重具体操作。但是无论是哪一种，都要求具备较高的引领能力。

其二，高校英语教师要保证内容、目标等的正确，采用的方法要恰当。高校英语教师专业发展的总目标在于让他们能够对新知识、新信息予以把握，并且能够在这些新知识、新信息的基础上提升自身的专业素质。不同的高校英语教师存在着个体的差异，因此在专业发展、水平上也必然不同，因此在进行专业引领时，需要考虑不同教师的具体情况，对不同的教师制定与他们相符的方法，从而实现专业引领的合理性与有效性。

2. 专业引领与高校英语教师专业能力发展

从上述分析可知，专业引领对于高校英语教师专业能力发展非常重要，具体而言可以

从如下几个层面着眼。

其一，阐述教学理念。就很大程度上而言，高校英语教师的教学行为往往会受到教学理念的影响，因此在专业引领中，专家、骨干教师等应该尽可能引导普通的高校英语教师熟悉与掌握教学理念，可以采用讲座或者报告等形式。

其二，共同拟订教学方案。当普通的高校英语教师掌握先进的理念之后，专家、骨干教师应该与普通的高校英语教师共同探讨先进的教学方案。在这一过程中，专家、骨干教师不仅是引领者，还需要对普通的高校英语教师的教学设计提出建议、给予指导，从而让普通的高校英语教师的教学设计更为完善。在专家、骨干教师等的引领下，普通的高校英语教师能够顺利地制订出与教学理念相符的教学方案，并将这一方案付诸实践。

其三，指导教学实践尝试。当制订完教学方案之后，就需要将其付诸实践，从而对教学方案进行验证。在验证时，专家、骨干教师应该参与其中，对教师的教学行为进行记录，从而与具体的方案进行对比，找出差距。在教师结束课堂之后，专家、骨干教师与普通的高校英语教师进行分析与探讨，对教学方案进行修订，从而使方案更完善、更切合实际。

（二）提高专业意识

所谓教师的专业发展意识，指的是教师按照教师专业化的要求，对自己专业发展过程、目前专业发展状态、未来专业发展规划的系统化、理论化的认识。教师的专业意识是基于教师的自我意识、职业认同、动机的基础上产生与呈现的，其对于教师素质与能力的拓展起着重要的规划与导向作用。

要想提高高校英语教师的专业意识，首先就要掌握一定的方式、方法和策略，这是信息化教学能力培养的中观层面。在这一层面中，高校英语教师的职前培养、教学实践、在职培训、协作交流、自主学习等是最为主要的几个方面。

1. 进行职前和在职培养

高校英语教师信息化教学能力的发展是一个系统的过程，进行职前与在职培训是高校英语教师信息化教学能力发展的重要促进环节，两者是紧密结合的。通过职前培训，可以使高校英语教师系统掌握信息化教学技术的知识和能力，为下一步高校英语教师在高校英语教学过程中运用信息技术打下坚实的基础。通过在职培训，可以让高校英语教师及时学习最新的信息化教学技术，并可以与更多的高校英语教师进行沟通交流，从而提高自己的信息化教学能力。

2. 传统方式与网络方式相结合

在当今高校英语教学中，利用信息化技术进行高校英语教学时，也不要忽略了传统的高校英语教学方式，要将传统的教学方式与网络方式结合起来进行，教师在教学过程中要与学生进行不断的面对面交流，不断提高自己的信息化教学能力。随着信息技术的不断发展，人们获取信息资源的渠道逐渐多元化，无论是知识的获取，还是教学经验的分享等都可以通过网络来获取。因此，将传统方式和网络方式结合起来能极大地提高高校英语教师的教学能力，从而促进高校英语教学质量的提升。

3. 自主学习与合作交流相结合

在信息技术教学背景下，高校英语教师要想具备一定的信息化教学能力，就需要通过不断的学习和提高，以适应不断发展和变化着的学校教育。在平时的工作中，高校英语教师可以通过自主学习掌握基本的信息化技术手段，与其他的高校英语教师进行沟通与合作，多参加一些与信息化教学有关的研讨课等，逐步提升自己的信息化教学能力。在面对面协作交流的过程中，要注重提高虚拟的、跨时空的协作交流能力。这对于高校英语教师掌握信息化技术，提高高校英语教学水平具有非常大的帮助。

4. 技术知识与实践应用相结合

信息化技术知识与能力主要是高校英语教师通过职前培训得到的，但需要注意的是，光掌握信息化技术知识还远远不够，还要具备一定的技术知识与实践应用相结合的能力。通过信息技术的培训，高校英语教师可以在学习中体验和模仿，强化对信息技术知识的实践应用。只有将技术知识与实践应用充分结合起来才能实现既定的学习目标。

信息化教学的技术手段有很多，作为一名高校英语教师，一定要学习和掌握基本的教学技术软件，尤其是一些年龄较大、不易接受新鲜事物的高校英语教师。在平时的信息化教学中，PPT 演示文稿、多媒体教学软件等都是最为常用的技术，高校英语教师还要利用计算机搜集和掌握一些教学素材，不断提高自己的多媒体技术能力，从而不断提高自己的信息化教学能力。

随着现代信息化技术的不断发展，网络上出现了各种培训课程，其中有关网络技术的培训课程也是相当多的，这一部分课程既有免费的也有付费的，通常都有着较强的专业性，作为一名高校英语教师，尤其是信息化技术教学水平较差的教师，可以多参加一些网络技术课程的学习，从而提升自己的信息化教学能力。

第二节 大数据背景下高校英语混合式教学中学生的主体性与角色

一、大数据背景下高校英语混合式教学中学生的主体性

学生的主体性，是指在英语教学活动中，所有的教学设计和教学行为都是围绕学生而进行的，其处于英语教学的核心位置。学生在教学活动中的主体性与其主观能动性有着密切的关系，人的主体性是其个性发展的核心。一般而言，主体性越明显，学生对自己是为何而学习的理解程度就越深，这对于其更好地知道该如何去做，如何做得更好是有积极意义的。

（一）学生在英语教学中的地位

1. 学生是英语学习的主体

在英语教学过程中，教师和学生都是参与者，两者都是重要的主体，但是两者的主体所处的环境是不同的，教师是英语教学中起主导作用的主体，其主要职责在于“教”，而学生则主要是为了“学”，因此，在英语学习中，学生是主体。

2. 学生是英语教师的合作者

在英语教学中，教师和学生是直接参与的两个主体，同时，英语教学中有些项目动作是需要英语教师和学生共同来完成的，因此只靠教师的教是无法达到教学目的的，需要学生的配合，才能使教学活动顺利进行并保证教学效果。

3. 学生是英语文化的继承者和创造者

学生在英语学习过程中的一个重要学习任务就是不断汲取英语的相关知识，如英语文化知识，这样才能对英语的理解和感悟不断更新升华，形成创新性的英语文化。与此同时，学生在英语文化方面也要具有一定的创造力，通过不断的创造，来使所学的英语文化得到良好的传承和发展。

（二）学生主体性在英语教学中的体现

学生在英语教学中的主体地位是毋庸置疑的，苏霍姆林斯基“让每个学生都抬起头来

走路”的教育信条，就将学生的主体性地位充分体现了出来。一般而言，英语教学活动中学生的主体性可以从以下几个方面得以体现：

1. 对教育影响的选择性

教师的教育影响并不能让学生全盘接受，只有那些与学生自身的特点和需求相符的教育影响，才能为学生所接受。学生有根据主体意识，积极地或消极地进行选择的权利。

2. 学习的独立性

学生本身具有个体化特征，这就决定了其在学习起点、学习目标与追求、制约学习的个性心理特征等方面也有所差别。因此，就要求英语教学中教师要遵循因材施教原则。

3. 学习的主动性

学生学习活动的主动性、自觉性是学生学习主体性的本质体现，英语教师的教学活动要建立在学生对英语学习的自觉的、主动的、自我追求的基础上。

4. 学习的创造性

学生在英语教学任务的方式、方法、思路以及对问题的认识等方面的完成与实现，与教师所教的内容或方法并不是存在着完全的关系的，其中，也能将学生的一些创新性和创造性体现出来。因此，英语教师要在认同这种创造性的同时进一步给予鼓励。

（三）学生主体性发挥需要具备的条件

学生在英语教学中的主体性地位的重要性已经显而易见，那么要实现这种作用，需要具备的条件有哪些呢？

1. 教师的教授目标与学生的学习目标相协调

在英语教学中，英语教师首先要将“为什么教英语”的问题明确下来，要充分理解社会对英语教育的要求和期待，让学生最终能够获得理解能力、学习能力、领悟能力等。但是这些并不是全部，还要求英语教师将教授的目标转化成学生学习的目标，即我要理解、学习和领悟的内容有哪些。

2. 教师和学生共同拥有英语教材

这主要是指英语教师在明确了教学内容和教学的方法、手段的同时，要让学生明白其所要学习的内容和方法、手段。要使学生在学习过程中始终对所学内容的文化体系和技能体系有个概念，同时对本教材目标与总目标的关系、本教材的科学教程，本教材的重点、本教材的难点以及本教材与自己身心发展之间的连点等有充分的了解，只有这样师生才能真正实现英语教学的目标。

3. 教学情境应该自由民主

良好的教学情境对于英语教学的开展是有帮助的。因此，英语教师要做好这方面的创设，以此来对学生大胆的思考和探索进行激发，诱发学生产生和提出各种各样的问题。民主性能够从尊重学生的人格，理解他们的学习基础和原谅他们在学习中的缺点和错误等方面得以体现。

4. 教师对学生的学习方法要足够重视

要充分发挥学生主体性，就必须让学生在“学习方法”上具有自主性和主动性。当前，英语教师的一个重要任务就是积极转变学生的学习方式，使多样化的学习方式逐渐取代单纯的、被动的学习方式。与此同时，英语教学中的“自主性学习”和“探究性学习”也要进一步加强。

二、大数据背景下高校英语混合式教学中学生的角色

在高校英语混合式教学中，应该是教师与学生共同构成课堂平衡，强调二者之间的合作与互动，从而使这一系统稳定持续发展。具体来说，学生主要有如下几个角色：

（一）课堂系统的主体者

课堂系统的构建是彼此相互促进、相互依存的结果。学校里面的课堂系统一方面是要实现学生能力与知识的发展，促进学生在学校这一环境中能够自由全面健康的发展；另一方面，学校的课堂系统也是要实现教师的专业化发展。当然，促进学生的发展是主要方面。因此，在混合式教学中，学生应该被视作课堂系统的主体，应该以学生的可持续发展作为中心，通过促进学生的健康成长来实现整个课堂系统的和谐发展。

（二）自我学习的开拓者

当前，教师占据主导地位，学生占据主体地位已经被大多数人认可。教师从成人的立场出发，通过较为成熟的世界观与人生观，对每一位学生的行为加以关注与了解，分析他们的具体需求。但是，对于学生而言，没有比自己对自己更了解，因此学生需要不断挖掘自身的需要，明确自己的发展方向。因此，在高校英语混合式教学过程中，学生应该成为自己学习的开拓者，选择自己的学习方向与目标，然后有规律、有计划地开展自己的学习，这样才能更好地掌握知识。

第三节　大数据背景下高校英语混合式教学中构建多元的评价体系

一、教学评价理论基础解析

（一）评价、评估与测试

很多人一提到评价，就将其与评估、测试等同起来，其实三者有着一定的区别与联系。简单来说，测试为评估与评价提供依据，评估为评价提供数据，评价是对教与学效果的整体评估。三者有着紧密的联系，又有着明显的区别。就关系层面来说，三者体现了一种包含与层级的关系。测试充当其他两者的支撑信息。在包含与层级关系的同时，三者又存在明显的区别，具体表现为如下三个层面：

1. 目的层面

三者的目标不同。就某一程度来说，测试主要是为了满足家长、学校的需要，因为他们需要知道自己的孩子或学生的情况，与其他学校是否存在差距。当今社会仍旧以应试为主，因此测试为家长、学校提供了很多信息，也是家长、学校关心的事情。评估主要是为了教师、学生提供依据，如学习效果，学习中遇到的问题等，有助于教师提高教学的质量，也有助于学生提高自身的学习效率。评价有助于行政部门制定政策，对教学进行合理配置。可见，三者的作用不同，导致开展的范围与采用的方式也有明显的不同。

2. 数据信息层面

测试所收集的数据一般是学生的试卷信息，反映的也是学生的语言水平。从学生的语言运用能力来说，有些部分是无法用测试来评判的。评估可以划分为终结性评估与形成性评估两大类，前者依据的是测试，后者依据的是教与学的过程，注重学生对任务的完成、概念的理解等层面。当然，其依据更多的是定性分析，而不是定量分析。评价所依据的信息多为问卷、访谈、测试、教师评估等，是定量分析与定性分析的结合，是一种综合性评估。

3. 展示方式层面

测试的展示方式往往是考试，这在前面已经有所论述，最终结果也通过分数排序来展现。而相比之下，评估与评价往往是以鉴定描述或等级划分的方式展现出来。

（二）教学评价的界定

评价在人们的社会活动中广泛存在。评价是运用不同的渠道，对学生的相关资料加以收集，并将这些收集的资料与预定的标准相比较，进而做出判断与决策的过程。评价是对相关信息进行收集、综合、分析，从而用这些信息促进课程的发展，对课程的效度、参与者的态度进行评定。

但是，更多的人将评价等同于价值判断。就英语教与学来说，评价指的是学生能否达到某项能力，学生能够实现课程目标，教师的教学与学生的学习能否帮助学生实现既定目标的一种判断手段。

（三）教学评价的划分

由于评价的方式、内容等存在明显的差异，因此对评价的划分也有所不同，具体而言可以划分为如下几种：

1. 过程性评价与目标达成评价

所谓过程性评价，即在学习过程中，对学生的学习活动进行评价与判断，目的在于将学生的学习行为能否与学习目的相符解释出来，用于评判学生能否实现学习目标。评价的内容包含学习策略、阶段性成果、学习方式等。

目标达成评价既可以对课堂教学目标达成情况的评价，也可以是对单元学习目标达成情况的评价，还可以是对学期教学目标达成情况的评价，其包含理解类、知识类与应用类三种目标达成评价方式。理解类目标评价方式表现为解释与转化，往往会采用阅读理解、听力理解等方式，或对阅读文本、听力文本进行选择与匹配等。知识类目标评价方式主要表现为对知识掌握情况的评价，并采用再次确认的方式，一般选择填空都属于这类评价方式。应用类目标评价方式即采用输出表达的方法，要求学生根据阅读与听力材料，进行转述或表达。

2. 表现性评价与真实性评价

所谓表现性评价，是指让学生通过完成某一项或者某几项任务，将自身所掌握的知识与技能表现出来，从而对其获得的成就进行评价。简单来说，表现性评价就是通过对学生完成任务的表现情况及获得的成就进行的评价。表现性评价属于一种发展性评价，其核心在于通过学生完成现实的任务，将自身所掌握的知识与技能展现出来，从而促进自身学习的进一步发展。一般来说，表现性评价具有如下几点特征：

（1）属于教学过程的一部分，其要与课程教学相互整合。

（2）关注的是学生知识与技能的发展，而不是对知识与技能的再次确认与回忆。

（3）一般情境都是真实的，往往需要将现实学习中遇到的问题进行解决。

（4）学生需要完成的任务一般较为复杂，往往需要将多个学科的知识与技能相融合。

（5）对于学生的发散性思维是非常鼓励的，也允许不同的学生给出不同的答案。

（6）是形成性评价与终结性评价的结合。

综合来说，表现性评价有助于对学生的学习过程与学习结果展开更真实、更直接的评价，能够将学生的文字、口头等表达能力以及想象力、应变能力等很好地展示出来，因此对于英语教学是非常适用的。

所谓真实性评价，是指基于真实的语境，对学生的表现进行评价，是一种要求学生完成真实任务之后，对自身所学知识与技能的掌握与运用情况进行的评价。与表现性评价相比，真实性评价更加强调真实，即任务的真实，一般来说任务都是人们现实生活中遇到的问题。

真实性评价也具有表现性评价的那些特征，是表现性评价的一大目标。由于真实性评价要求评价成为教学过程的一个重要组成部分，因此真实性评价也具有形成性评价的特征。同时，真实性评价又注重任务的整体性与情境性，对终结性测试有很大的影响，因此真实性评价又具有了终结性评价的特征。可以说，真实性评价融合了多种评价手段，是多种有效评价手段的结合。

3. 形成性评价与终结性评价

所谓形成性评价，即在教与学的过程中，通过对信息进行收集与整合，进而促进教与学的发展。简单来说，形成性评价即在教学过程中，教师与学生获得反馈信息，对教与学加以改进，让学生真正地掌握知识的系统评价手段。一般来说，形成性评价具有如下几个特点：

（1）往往作为教与学的一部分而在教与学过程中呈现。

（2）不是将等级划分作为目标，而主要将指导、诊断、促进等作为目标。

（3）学生往往充当主体的作用参与其中。

（4）评价的依据是在各个情境下学生的表现。

（5）通过有效的反馈，教师确定学生的水平是否达到预期。所谓终结性评价，是一种对教师的教学与学生的学习结果的评价，是在教学结束之后，对教与学目标实现程度所进行的评价。因此，其又可以称为“总结性评价”。从定义中可以看出，终结性评价往往出现在教与学结束之后，用于对目标达成情况进行的评价。因此，这一评价方式有时可以等同于之后要讲述的目标达成评价。

（四）英语教学评价的功能

英语教学评价能够不断促进学生在学习过程中的成功与进步，从而使学生能够真正地认识自我，促进他们综合能力的发展。另外，英语教学评价能够为教师提供反馈信息，从而不断改进自己的教学情况，提升自身的教学水平。总体而言，英语教学评价有如下几点功能：

1. 导向与促进

英语教学评价应该有助于英语教学目标的实现。英语教学评价不仅需要评价学生对知识的掌握情况，还需要评价学生的学习态度、发展潜能等。只有通过综合性评价，学生才能在英语学习中保证积极的态度，从而形成有效的学习策略，并且具备跨文化的意识。英语教学评价应该为英语教学目标服务，这样就要求学生应该从目标出发，对自己的学习计划加以制订，并不断检验自己的学习方法与学习成果，这样才能将自身的潜力挖掘出来，提升自身的学习效率。因此，英语教学评价对于学生来说有着积极的导向作用。

英语教学评价会对学生日常学习表现、学生学习中获得的成绩，学生学习的情感与态度等展开评价。通过对学生学习的激励，可以帮助学生对自己的学习过程加以调度，让他们逐渐获得自信心与成就感，培养学生之间的合作精神。为了让评价与教学过程有机融合，学校与教师应该采用宽松、开放的评价氛围来评价学习活动与效果，可以建立相应的档案袋等，这样对教师与学生进行鼓励，从而实现评价的多元化。

2. 诊断与鉴定

英语教学评价对教与学的情况进行了整体评判。在教学过程中，学生往往会通过评价量表等对教师的教授情况、学生的学习情况展开检测，这样便于学校、教师、学生了解具体的教与学情况，判断学生学习过程中有无偏差，从而找到出现问题的原因加以改进与提高。

3. 反馈与调节

师生通过问卷访谈等，发现教与学中的优点与不足，对教与学过程中的得失进行评价。通过评价，教师以科学的方式反馈给学生，促进学生得到更为全面与客观的认识，为下一阶段的教与学规划内容与策略，有效地开展教与学活动。

4. 展示与激励

英语教学评价对学生的学习过程是非常关注的，让学生认识到自身学习中的成功之处，不断鼓励自己，获得更大的成功。当然，教师还需要适当地提点学生学习中的错误，让他们产生一种焦虑感，从而更加勤奋地参与到英语学习中。这种正反鼓励方式，都会不断提升学生学习的主动性与积极性。

（五）英语教学评价的原则

在英语教学评价中，还需要坚持一定的原则，这样对于评价的实践有更好的指导意义。以这些评价原则为基准，教师才能更好地制定出与学生实际情况相符合的评价手段与方法。

1. 主体性原则

所谓主体性原则，即英语教学评价主体需要考虑教学价值主体本身——学生的需求，对教学价值客体进行评价。

在学习中，学生处于主体地位，但是传统的英语教学评价仅将教师作为核心地位，认为教师充当的是教育主体的地位，是知识的灌输者，而学生仅是知识的被动接受者，这样导致教学评价主要针对教师来说的，评价的内容也主要是教师的教学情况。

这类评价主要是评价学生能否接受教师传授的知识以及接受的程度；评价学生的学习情况来对教师的教学内容与教学方法的合适程度进行审查；评价教师的学习策略是否得当等。简单来说，这种教学评价是为教师服务的，并没有展现出学生的主体地位。

当前的教学强调有效教学，即发挥学生的认知主体地位，因此教学评价的对象需要从以教师为主导转向以学生为主体，对学生学习情况的评价内容与手段应该从单一转向多元，如对学生的学习动机、学习兴趣等都可以进行评价。基于此，教学评价的对象才能转向学生，当然这里并不是说不对教师进行评价，只是说以学生的评价为着眼点，为学生创造更多适合学生学习的环境，且对教师的评定标准也是考虑学生来制定的。因此，主体性原则要求将学生作为评价主体，即评价活动以学生的发展作为目标，评价设计要有助于学生的多元化、个性化发展，发挥学生的主观能动作用，帮助学生形成积极的态度，同时不能损害学生的自尊心，要对学生予以爱护与尊重。

2. 过程性原则

英语教学评价应该坚持过程性原则，这主要体现为两点。

其一，要全程性，即评价要在学生学习的全过程得以贯穿。

其二，要动态性，即对发展过程加以鉴定、诊断、调控等，对整个过程的发展方向加以把握。

英语教学评价对于过程评价非常关注，正是这一点，有助于提升学生的学习兴趣，增强学生英语学习的动机与主动性，从而有助于他们的自主学习。

3. 多样化原则

英语教学评价应该坚持多样化原则，这主要体现为三大层面。

其一，评价主体要多样化，即不仅涉及教师，还涉及家长、学生等。通过宽松、开放的评价氛围，对教师、家长，学生的参与予以鼓励。

其二，评价形式要多样化，即对学习过程予以关注。要从不同的内容与对象出发，考虑采用自评、互评等评价方式的多元化。

其三，评价手段要多样化，即可以是教师观察，可以是学生量表等。教师从不同学生的学习差异与策略出发，采用恰当的评价手段，选择适合他们自己的评价方式，从而彰显学生自身的优势，让每一位学生都可以体会到成功的喜悦。

4. 实效性原则

英语教学评价强调实效性，即主要是从教育的现实意义与评价行为等层面考量的，其要求在具体的评价实践中，能够将评价的实用价值体现出来。

英语教学评价的实效性原则体现在评价方式上是非常方便的，即不要使用烦琐的程序，但是要保证评价的时机与质量，因此在设计评价内容与方式时，不能与英语教学的目标相脱离，要非常关注评价之后产生的实际效果。

5. 发展性原则

英语教学评价应该为学生的发展服务，注重学生信心的树立，发现学生发展过程中所出现的问题，通过反馈对这些问题进行解决，促进他们更好地向前发展。对于发展性原则，一般包含如下几点：

其一，发展性原则要求英语教学评价应该从学生主体出发，将学生的需求作为出发点与落脚点。

其二，发展性原则要求英语教学评价的目的是促进学生的发展，即只要是对学生发展有利的层面，任何手段与技术都可以运用其中。

其三，发展性原则要求英语教学评价对每一位学生的个性特点与原有基础有所把握与关注，从而为每一位学生获得最佳的发展而做出努力。

通过评价，教师才能更好地引导学生对自己的原有基础、认知水平等进行鉴定，认识自己在发展过程中的不足，从而有针对性地进行改进与调整，对自己的学习过程进行优化，使学生获得最佳的发展。除此之外，发展性原则还要求教师对学生的态度、情感等进行关注，以帮助学生形成正确的价值观。

二、高校英语混合式教学的评价设计

（一）混合式教学模式评价的分类

在混合式教学模式中，评价应该由专家、学者、教师、同伴以及学生共同完成。混合式教学模式的评价真正要实现定量评价和定性评价、形成性评价和总结性评价、对个人的评价和对小组的评价、自我评价和他人评价之间的良好结合。常见的教学评价如下：

（1）诊断性评价，指在某项教学活动开始之前对学生的知识、技能以及情感等状况进行的预测。

（2）形成性评价，指在某项教学活动过程中，为更好地达到教学目标而不断进行的评价。

（3）总结性评价，指在教学活动告一段落后，为了解教学活动的最终效果而进行的评价。

（二）支持混合式教学模式的评价活动

混合式教学模式的教学评价关注的是对学生学习情况的鉴定、调节。通过混合式教学模式的评价，教师能够了解学生真正的学习难点，从而以此指导课内教学活动的设计。混合式教学模式的评价也非常关注学生的学习过程，如学习安排，学生的问题选择、独立学习表现，小组学习表现，结果表达和成果展示等。混合式教学模式中常用的评价形式主要有以下几种：

1. 在线测试

在线测试主要是通过网络技术进行学习效果的检测。网络平台能自动收集学生的测试结果，并能自动完成测试批改和分析等工作。根据混合式教学模式的学习目标，可以采用的在线测试形式有自我评价、在线测验等。

（1）自我评价。它主要用来帮助学生判断自身对自主学习内容的理解程度，是一种能快速反馈的评价方式。

(2) 在线测验。它以单项选择、多项选择和填空题为形式，主要考查学生对学习内容的识记和理解。

2. 课堂概念测试

这是一种简短、具有针对性的非正式学习评价方式，通常针对一个知识点设置1~5道多选题，学生通过举手、举指示牌或选择器回答问题。概念测试的主要目的在于获得学生对当前讲述知识点的理解程度，以便教师进行教学调整，这是一种低风险的评价方式。

3. 概念图评价

概念图是一种用节点代表概念，用连线表示概念间关系的图示法。它能反映出学生的思维与知识点之间的关系。例如，教师可以针对课外学习内容给出一份不完整的概念图，让学生填补空缺的概念及概念间的逻辑关系，以此了解学生对所学概念的理解程度，并适当地安排进一步的教学活动以加深学生对某些薄弱概念的理解。

4. 同伴评价

同伴评价是由合作学习的同伴针对学习者做出的评价。它有利于学习者更好地参与到小组学习活动中，能够培养学习者的合作精神。

(三) 混合式教学模式常用的评价工具

教学评价往往借助于评价工具来收集资料。以下是混合式教学模式评价常用的一些工具：

1. 结构化观察表格

结构化观察是人们通过感觉器官或借助一定的仪器，有目的地对自然状态下的现象进行考查的一种方法。这种方法主要用来收集学生的学习行为反应信息。

2. 态度量表

态度量表是针对某件事物而设计的问卷。被试者对问卷所做的反应，反映了被试者对某事物的态度倾向。态度量表主要用来收集学生的学习态度反应信息。

3. 形成性练习

形成性练习是以各种形式考核学生对本学习单元基本知识的掌握程度。

4. 同伴互评

同伴互评是开展合作活动常用的过程性评价。

参考文献

[1] 张娇媛. 高校英语混合式教学与信息技术应用 [M]. 天津：天津科学技术出版社，2019.

[2] 于明波. 当代高校英语教学与混合式学习模式探究 [M]. 北京：中国纺织出版社，2019.

[3] 王峥，王佩. 高校英语教育模式创新研究 [M]. 北京：北京工业大学出版社，2019.

[4] 王磊著. 互联网+背景下高校英语有效教学研究 [M]. 长春：吉林人民出版社，2019.

[5] 曾婷著. “互联网+”时代高校外语混合式教学模式的探索与实践 [M]. 延吉：延边大学出版社，2019.

[6] 张乐平. “互联网+”时代背景下大学英语教学改革与发展研究 [M]. 长春：吉林大学出版社，2019.

[7] 程亚品. “互联网+”时代下信息技术与英语教学的深度融合 [M]. 天津：天津科学技术出版社，2019.

[8] 于导华. 高校全英文教学与课程建设研究 [M]. 北京：北京理工大学出版社，2019.

[9] 马桂花. 面向深度学习的高校英语混合式教学设计、实施与评价 [M]. 延吉：延边大学出版社，2020.

[10] 何聚厚. 高校教学模式创新与实践研究 [M]. 西安：陕西师范大学出版总社，2020.

[11] 彭秋龙. 地方性应用型本科高校建设新思考 [M]. 上海：立信会计出版社，2020.

[12] 赵长林，王桂清，李友雨. 大学课程与教学研究 [M]. 北京：北京理工大学出版社，2020.

[13] 沈红作. 基于在线课程平台的高校英语混合式教学模式研究 [M]. 北京：中国商业出版社，2021.

[14] 康洁平. 信息化背景下高校英语混合式教学模式探索与应用 [M]. 北京：中国书籍

出版社，2021.

[15] 高红梅，管艳郡，朱荣萍. 高校英语教学创新性研究 [M]. 长春：吉林人民出版社，2021.

[16] 秦初阳，孙金凤，丽娜. 跨文化视域下的高校英语教学理论体系重构探索 [M]. 长春：吉林人民出版社，2021.

[17] 杨岸青，李淑琼. 英语语言文学与学科教学研究 [M]. 北京：知识产权出版社，2021.

[18] 王辉. 云端的挑战与突破高校在线教学探究 [M]. 成都：四川大学出版社，2021.

[19] 胡赤弟. 2019 年宁波高等教育研究年度论坛论文集：高等教育现代化建设 [M]. 杭州：浙江工商大学出版社，2021.

[20] 韩红梅. 通用学术英语教程 [M]. 北京：清华大学出版社，2021.